De nuevo

Spanish for High Beginners

Kimberly M. Armstrong
Franklin & Marshall College

Yvonne Gavela-Ramos
The Pennsylvania State University

Eduardo Negueruela-Azarola
University of Massachusetts, Amherst

PEARSON

Prentice
Hall

Upper Saddle River, New Jersey 07458

Publisher: Phil Miller
Senior Acquisitions Editor: Bob Hemmer
Assistant Director of Production: Mary Rottino
Editorial/Production Supervision: Nancy Stevenson
Executive Marketing Manager: Eileen Bernadette Moran
Editorial Assistant: Pete Ramsey
Assistant Editor: Meriel Martínez Moctezuma
Assistant Manager, Prepress and Manufacturing: Mary Ann Gloriande
Prepress and Manufacturing Buyer: Brian Mackey
Full-service Project Management: UG / GGS Information Services, Inc.
Cover designer: Kathryn Foot
Cover art: Marine, "Frozen Winter Evening," oil on canvas, 18⅛" × 15" (46 × 38.1 cm)

This book was set in 10/12 Palatino typeface by UG / GGS Information Services, Inc. and was printed and bound by Von Hoffman. The cover was printed by Phoenix Book Tech.

Photo and text acknowledgments appear on page 302, which constitutes a continuation of the copyright page.

Printed in the United States of America
10 9 8 7 6 5 4 3 2 1

ISBN 0-13-049457-7   (Student text)
       0-13-111794-7   (Annotated instructor's edition)

Pearson Education LTD., *London*
Pearson Education Australia PTY, Limited, *Sydney*
Pearson Education Singapore, Pte. Ltd.
Pearson Education North Asia Ltd., *Hong Kong*
Pearson Education Canada, Ltd., *Toronto*
Pearson Educación de Mexico, S.A. de C.V.
Pearson Education—Japan, *Tokyo*
Pearson Education Malaysia, Pte. Ltd.
Pearson Education, *Upper Saddle River*, New Jersey

A Scott, John Randall y Samantha
K. Armstrong

A mis padres y hermanas con cariño
Y. Gavela-Ramos

A mi familia y amigos
E. Negueruela-Azarola

Scope and Sequence

Chapter	Linguistic functions
1 ¡A conocernos! 2	*Introductions* **4** *Greetings* *Descriptions*
2 El chisme 34	*Giving information* **36**
3 La entrevista 80	*Asking questions* **82**
4 Un lugar para vivir 116	*Expressing possession* **118** *Talking about the immediate past*
5 El futuro ya está aquí 146	*Expressing likes/dislikes* **148** *Talking about the future*
6 La vida loca 176	*Narrating a series of events* **178**
7 Cosas que pasan 212	*Narrating events in the past* **214**
8 Una vida saludable 224	*Influencing others* **246** *Commenting on actions*

Gramática — Structures

Present tense **19**
First person irregular verbs
Use of ser
Adjectives

Estar
Ser and estar *contrasted* **64**
Irregular verbs in the present tense

Interrogative pronouns **107**
Stem-changing verbs in the present tense

Present perfect **134**
Past participles
Reflexive verbs

Forms and use of the future **161**
Indirect object pronouns
Verbs like gustar

Stem-changing verbs in the preterit **196**
Irregular verbs in the preterit
Direct object pronouns
Double object pronouns

Forms of the imperfect **233**
Use of imperfect
Contrasting preterit/imperfect

Forms of subjunctive **267**
Verbs of volition and subjunctive
Impersonal expressions and noun clauses

Sí, recuerdo — Review

Definite and indefinite articles **9**
Gender
Agreement

Periphrastic future **41**
Numbers 1–100
Telling time

Numbers 100–2 million **85**
Unequal comparisons

Possessive adjectives **121**
Demonstrative adjectives

Gustar **150**
Superlatives

Equal comparisons **182**
Forms of regular preterit

Accents **216**
Formal commands
Affimrmative commands and object pronouns

Impersonal se **249**
Passive se
Informal commands

/

Preface

In the last few years, many colleges and universities have instituted a High Beginners course for Spanish (sometimes referred to as False Beginners or even accelerated Spanish). High Beginners are college students who, through a placement vehicle, begin their college language experience with the second semester of Introductory Spanish. Most students placed in this class have had one or more years of high school Spanish, but do not have sufficient abilities to place them in Intermediate Spanish. Furthermore, while these students may have all achieved scores within the same range, they most probably have not mastered the same set of grammatical structures, language functions, reading skills, and so on.

This situation presents the instructor with a particular set of challenges that can be summarized as follows: How does the instructor successfully teach to a group of students who have acquired different language abilities, who have been exposed to different language issues, and whose high school teachers emphasized different skills and taught with very different methodologies?

De nuevo addresses the special challenges that High Beginners of Spanish face. Rather than present all of the grammatical concepts that are normally included in a first-year text, we decided to focus on communicative goals for students in each chapter and reacquaint students with the grammatical structures that will help them achieve these communicative goals and participate fully in the intermediate course that follows.

De nuevo was designed to:

- address the issue of which items to treat quickly as review and what material to teach more slowly,
- address the problem of the disparate knowledge base of the students who place into this class,
- reduce the syllabus to a manageable load for one term,
- help students achieve the lower intermediate level by the end of the class,
- improve all four skills, and
- engage students in meaningful exchanges with peers through contextualized activities.

De nuevo

Topics

Our guiding philosophy throughout the text is based on the idea that language learning is about communication and students should have as many opportunities as possible to interact with each other. You will find that **De nuevo** provides ample activities that encourage students to talk with one another, negotiate meaning, and engage in meaningful exchanges from the *Lluvia de ideas* section that starts each chapter to the *Contextos* at the end.

Each chapter focuses on specific linguistic functions so that students are learning to "do things with words," to paraphrase J. L. Austin. In Chapter 1 we provide students with the tools and strategies that they need in order to talk about themselves, while by the end of the program students are using language to influence the behavior of others.

Within this functional language framework, we use a communicative approach. Students learn by doing: by making lists, by asking questions, by conducting surveys, by negotiating with classmates. Engaging activities provide students with opportunities to learn more about themselves, their classmates, and the Spanish-speaking world. We want students to keep connecting with one another in Spanish throughout the course.

Organization of De nuevo

Each of **De nuevo**'s eight chapters centers on a topic that reflects students' interest and promotes conversation and interaction both inside and outside the classroom. Students will enjoy working within the themes of the chapters as they engage in linguistic functions that complement each topic and practice the vocabulary associated with each theme.

Lluvia de ideas opens each chapter and students see a series of images that reflect the theme. We begin by asking students to brainstorm in small groups about these pictures in order to encourage them to make connections between the pictures and the chapter topic and to begin interacting from the very start with the concepts, vocabulary, themes, and basic linguistic functions to be studied. Because each chapter opens with group activities, students approach the material collaboratively through sharing opinions, making guesses, and taking chances—all hallmarks of successful language learning. Through this interaction students realize that they can communicate in Spanish.

Sí, recuerdo reviews structures and vocabulary with which students are already familiar. The section asks students to recall their previous knowledge of Spanish, encourages them to look for patterns, and builds their confidence in their skills. Rather than present some of the more basic concepts and vocabulary in Spanish to them in **De nuevo**, we ask them to tell us about what they already know about this topic. We provide contextualized cartoons, e-mail messages, postcards, etc., in order to draw their attention to those words and structures. We encourage them to form their own hypotheses about the patterns that they find and to articulate these patterns.

Vocabulario presents new lexical items that are semantically related. We remember vocabulary better when we learn it contextualized with other words within the same semantic field. In almost all cases we reinforce this learning via visual representations that will help students remember the vocabulary. This section also has activities that give students opportunities to practice the new vocabulary through word games and exchanges with other students.

Lectura temática provides a reading that complements the theme of the chapter. Each lectura has a series of pre-reading activities that encourage students to start thinking and guessing about the subject of the reading. In addition, we also include a list of cognates to help students start guessing about word meaning. We find that students at this level are often too preoccupied with trying to understand the meaning of every word; instructors need to reinforce reading strategies that encourage students to rely on cognates and be willing to take an educated guess at times. Because the reading reflects the focus of the chapter, students can also reinforce their knowledge of related vocabulary. Post-reading activities assess comprehension and allow students to engage in discussions, debates, and role-plays.

Gramática introduces grammatical concepts through contextualized examples so that students can approach the material inductively. The explanations are thorough and clear and the follow-up activities provide wonderful opportunities for students to practice the new structures in exercises that become progressively more open-ended. We provide opportunities for students to focus on form; however, there are a wide variety of activities that let them use those forms within a stimulating context.

¡A escribir! guides students in process writing, beginning with short paragraphs that focus on the self. As students progress in their skill level, the assignments ask them to make their writing more complex. We provide opportunities for peer editing as students advance in their skill level and each section concludes with a checklist to encourage students to proofread.

Contextos concludes each chapter with unique, high-interest activities such as role-playing, student presentations, and dialogues, to encourage students to incorporate and practice the functions and structures that they learned or reviewed in the chapter in new and different contexts.

Supplements

For the student

In-text audio, 0-13-111793-9

The In-text audio contains all of the passages that accompany the listening activities from the student textbook.

Gramática viva: Interactive Spanish/Grammar CD-ROM, 0-13-111796-3

The Gramática viva CD-ROM is a flexible, interactive tutorial through which students can review and practice Spanish grammar. A dynamic Video Instructor provides detailed explanations of 60 grammatical structures in English. These video grammar presentations are followed by extensive written and oral prcatice activities, which provide students with immediate feedback.

Companion Website, www.prenhall.com/denuevo

The Companion Website features automatically graded vocabulary and grammar self-tests, as well as Web-based culture activities that tie into the *Lluvia de ideas*, *Nota cultural*, and *Contextos* sections in the text. In addition, the site features links to Spanish language resources on the Web for both students and instructors.

For the instructor

Annotated Instructor's Edition, 0-13-111794-7

Instructor's Resource Manual, 0-13-111795-5

The Instructor's Resource Manual includes information on the features of the textbook, its chapter organization, and suggestions on how to teach these various sections. The IRM also contains sample syllabi, a sample lesson plan, and additional suggestions on teaching with the textbook.

Image Resource CD, 0-13-185066-0

All images (except photos) are provided on the Image Resource CD to enable professors to use the images in creating their own activities, adapt the images for testing, create unique transparencies, etc.

Acknowledgments

We would like to thank everyone who helped in the conceptualization, articulation, design, and development of **De nuevo**; without your support, suggestions . . . and criticisms, this text would never have made it into production. A special thanks to Bob Hemmer, Senior Acquisitions Editor at Prentice Hall, for his encouragement, patience, and commitment to this project. Another thanks to Julia Caballero and Mercedes Roffé, our Development Editors, for their great comments and enthusiasm. Heidi Allgair, the Senior Production Editor at UG / GGS Information Services, Inc., kept us all on track as the text went into production and was extremely understanding about those last-minute permission forms. We are also grateful to all of the other people at Prentice Hall who have worked on the supplements and handled many of the behind-the-scenes tasks: Mary Rottino, Assistant Director of Production; Nancy Stevenson, Senior Production Editor; Samantha Alducin, Media Editor; and Roberto Fernández, Media Production Manager. Thanks to the artists at UG / GGS Information Services, Inc., who rendered our often sketchy descriptions into such funky artwork. Thanks to all the reviewers who saw the earlier drafts of the text and took the time to write such careful comments:

Amy Gregory	University of Tennessee, Knoxville
Ann Hilberry	University of Michigan
Teresa Pérez-Gamboa	University of Georgia
Barbara Reichenbach	Ohio University
Leticia McGrath	Georgia Southern University
Vija Mendelson	University of Massachusetts, Amherst
John Parrac	University of Central Arkansas
Michele Petersen	Arizona State University
Margarita García Notario	State University of NY, Plattsburgh

A special thanks to all the businesses, artists, writers, and organizations that allowed us to reproduce their materials in the text.

Most importantly, thanks to our families and friends: beds went unmade, take-out food became a necessity, dust gathered on every surface, and calls went unreturned. Despite the late hours and seemingly unending revisions, our families and friends never wavered in their support. We love you all.

Kimberly M. Armstrong
Yvonne Gavela-Ramos
Eduardo Negueruela-Azarola

De nuevo

Capítulo 1

Linguistic functions

- Introductions, greetings, and descriptions

Structural focus

- Present tense, **ser**, and adjectives

Review

- Articles, gender, and agreement

¡A conocernos!

Lluvia de ideas

② **Actividad 1-1** ¡A saludarnos!

Paso 1

• The picture you see relates to the theme of this chapter. Brainstorm a little and try to answer the questions below giving as many answers as possible. ¡En español, por favor!

¿Cómo se saludan?

_____

_____

_____

_____

_____

Paso 2

- ¿De qué hablan?
  Hablan de...

Sus vidas

_____

_____

_____

_____

_____

Paso 3

- Cuando están con sus amigos, ¿de qué hablan?

Hablamos de...

_____

_____

_____

_____

_____

Paso 4

- ¿Hablan de sus estudios? ¿Qué estudian?

Yo   **Mi compañero/a**

_____   _____

_____   _____

_____   _____

_____   _____

_____   _____

_____   _____

CLASES	
el francés	las ciencias
el alemán	el arte
el italiano	la literatura
el japonés	la historia
el inglés	las matemáticas

Many words in Spanish used for academic subjects are cognates of their English equivalent. Read through the words below and then check off those subjects that you have already studied.

☐ la geología   ☐ la economía   ☐ la religión

☐ la biología   ☐ la filosofía   ☐ las ciencias políticas

☐ la sociología   ☐ la física   ☐ la antropología

☐ la geografía   ☐ la psicología

② Actividad 1-2 Una encuesta

ⓖ Paso 1

- Júntense con otro grupo y comparen sus respuestas de la Actividad 1-1. Contesten a las siguientes preguntas basadas en sus respuestas.

1. ¿De qué hablan los estudiantes? (Den las respuestas más frecuentes.)

2. ¿Cuáles son sus clases preferidas?

3. ¿Por qué creen que prefiere esas clases?

ⓖ Paso 2

- Ahora, comparen sus respuestas con las de la clase.

Grupo	Hablamos de	Clases preferidas	Razón
Grupo A			
Grupo B			
Grupo C			
Grupo D			
Grupo E			
Grupo F			

besos = kisses

abrazos = hugs

apretones de mano = handshakes

las mejillas = cheeks

tomadas de la mano = hand in hand

dar la mano = shake hands

❷ Actividad 1-3 ¿Qué hace?

- En su grupo preparen un diálogo breve. Deben incluir saludos, temas típicos, despedidas, etc. Escriban el diálogo, memorícenlo y preséntenlo a la clase.

Situación: Imagínense que están en un café cuando ven a un/a amigo/a por primera vez este semestre.

VOCABULARIO UTIL	
Vale *or* bueno	OK
Bien...	Well...
No entiendo...	I don't understand...
¿Puedes repetir?	Can you repeat that?
Chévere *or* guay	Cool

❷ Actividad 1-4 ¿Qué me dice?

- Mientras escucha las conversaciones de sus compañeros, escriba las palabras o expresiones que se repitan mucho.

VOCABULARIO UTIL

Saludos

¿Qué tal?   ¿Qué hay de nuevo?

¿Cómo te/le va?   ¡Cuánto tiempo sin verte!

¿Cómo estás?   ¿Qué cuentas?

Actividad 1-5 Improvisemos

● Imagínese que se encuentra con su compañero/a de cuarto por primera vez. ¿Cómo se saludan? ¿Qué preguntas le hace? Improvise la escena incorporando el vocabulario del capítulo. (Recuerde que es natural saludarse físicamente también (darse un beso, dar la mano, etc.)

AUDIO Actividad 1-6 Maite

● Maite es una estudiante española que ha venido a Estados Unidos para estudiar. Primero, lea las preguntas y después contéstelas brevemente.

1. ¿De dónde es Maite?

_____

2. ¿Cuándo llegó Maite a EE.UU.?

_____

3. ¿Por qué quiere estudiar en EE.UU.?

_____

4. ¿Cuáles eran sus clases favoritas en la Universidad de Oviedo?

_____

_____

5. Son verdaderas (V) o falsas (F)

A Maite le encanta la universidad, pero no la ciudad.   V / F

A Maite le encanta el idioma inglés.   V / F

Lo mejor para Maite son las clases.   V / F

Una de sus asignaturas favoritas es historia.   V / F

A Maite no le gusta salir con amigos, prefiere leer libros.   V / F

Sí, recuerdo

Repaso de gramática

Los artículos definidos y el género

You probably remember that nouns (**los sustantivos**) in Spanish are either masculine or feminine and that each noun is marked with a definite article (**un artículo definido**). The article that usually marks the feminine gender is _____, and the article that marks the masculine gender is _____.

    Sometimes the ending on a noun may give us a clue as to whether it is feminine or masculine. Which endings (**terminaciones**) often indicate a masculine noun?

1. _____   2. _____

A feminine noun?

1. _____   2. _____   3. _____   4. _____   5. _____

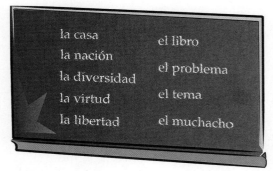

Remember, there are exceptions to every rule as the words below demonstrate.

el pijama   el día   el mapa   la radio

Can you think of other exceptions?

1. _____   2. _____   3. _____   4. _____

¡OJO!

Words that begin with a stressed **a** or **ha** cannot use **la** or **una**. In those cases **el** or **un** is used instead. In the plural form, or if an adjective comes between the article and the noun, then you will use the feminine form.

El agua   las aguas de la Florida

Actividad 1-7 José necesita su ayuda

- José está aprendiendo español y necesita su ayuda para determinar si estas palabras son femeninas o masculinas. Escriba el artículo apropriado.

1. _____ cuaderno   2. _____ cafetería

3. _____ taco   4. _____ amiga

5. _____ comunidad   6. _____ lema

7. _____ casita   8. _____ programa

9. _____ video   10. _____ jugadora

Actividad 1-8 ¡A jugar!

G **Paso 1**

- Busquen diez sustantivos (*nouns*) en un diccionario, que tengan algunas de las terminaciones que ya han aprendido.

_____   _____

_____   _____

_____   _____

_____   _____

G **Paso 2**

- Túrnense (*Take turns*) y lean las palabras en voz alta. Mientras escuchan las palabras del otro equipo, decidan si son maculinas o femeninas.

_____   _____

_____   _____

_____   _____

_____   _____

Artículos indefinidos

Along with **artículos definidos**, there are also **artículos indefinidos**. Do you remember what these are? _____ and _____. Do you remember what they are in the plural? _____ and _____.

OJO

The verb **hay** takes the indefinite, not the definite article.

Actividad 1-9 Escriba el artículo Más ayuda

Escriba los artículos indefinidos para las siguientes palabras.

_____ escritorio		_____ profesor	
_____ mochila		_____ tiza	
_____ alumno		_____ calidad	
_____ clase		_____ libro	
_____ pizarra		_____ compañero	
_____ cafetería		_____ cuaderno	

Actividad 1-10 ¿Qué hay en el cuarto de Maite?

● Examine el dibujo del cuarto de Maite y describa lo que hay.

Modelo: Hay un escritorio...

_____

_____

_____

_____

_____

La concordancia

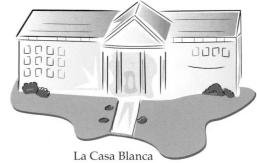

La Casa Blanca

Un hombre viejo

Another important feature of Spanish grammar is agreement (**la concordancia**). Just as the appropriate article must accompany a noun, when you describe a noun, the adjective (**adjetivo**) used must also agree in gender and number. By gender we mean either _____ or _____; by number we mean _____ or _____.

In the following noun phrases circle all the elements that indicate gender.

el muchacho guapo   una amiga buena   la casa blanca   un libro rojo

In the noun phrases below circle all the elements that indicate number.

las chicas bonitas   unas muchachas bajas

unos hombres altos   las clases difíciles

Actividad 1-11 Más tarea

● José tiene más tarea para su clase de español. Necesita combinar las siguientes palabras para formar frases lógicas.

A	B	C
el	clases	modernos
la	residencias	difíciles
un	muchacho	buenas
las	bibliotecas	viejas
los	discos	grandes
unas	vida	perezoso
	estudiantes	loca
		nuevos
		alto

Modelo: las bibliotecas grandes

1. _____

2. _____

3. _____

4. _____

5. _____

6. _____

Actividad 1-12 Descripciones

● Rellene los espacios en blanco con una palabra apropriada. Puede ser un sustantivo, un adjetivo o un artículo.

Modelo: _____clases_____
las clases interesantes

1. La _____ grande
2. el cuaderno _____
3. _____ universidades _____
4. las _____ difíciles
5. _____ personas _____
6. _____ amigo _____
7. el jugador _____
8. _____ estudiante _____
9. _____ _____ viejo
10. _____ librerías _____

¡OJO!

Colegio and *college* are not the same thing. Even if you go to a small college you will need to refer to it as a **universidad** in Spanish. **Colegio** usually refers to an elementary school.

---

② **Actividad 1-13 La universidad de Maite, Elena y José**

● Usen la imaginación para hacer una descripción de la universidad de Maite, Elena y José. Cuando terminen, comparen su descripción con la clase.

Vocabulario

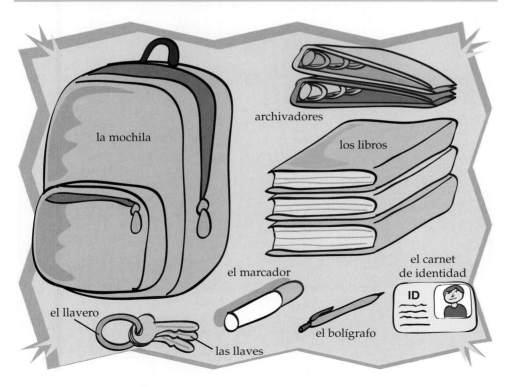

la mochila

archivadores

los libros

el marcador

el carnet de identidad

el llavero

el bolígrafo

las llaves

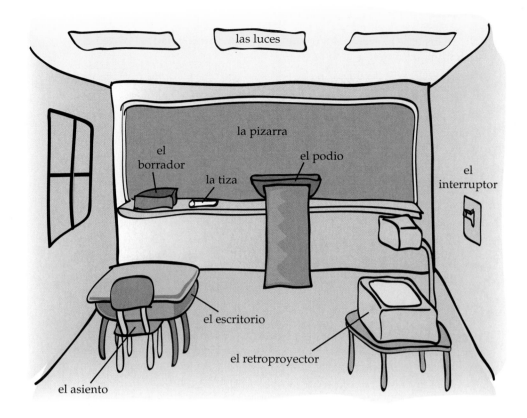

las luces

la pizarra

el borrador

la tiza

el podio

el interruptor

el escritorio

el retroproyector

el asiento

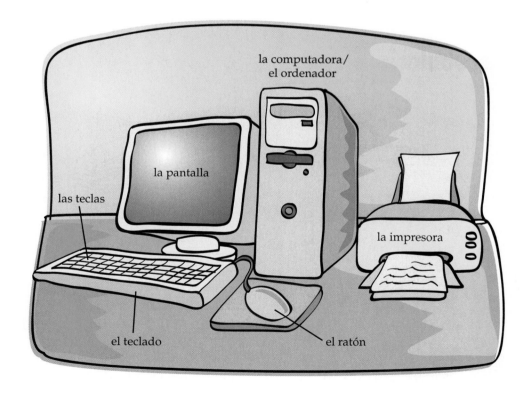

la computadora/
el ordenador

la pantalla

las teclas

la impresora

el teclado

el ratón

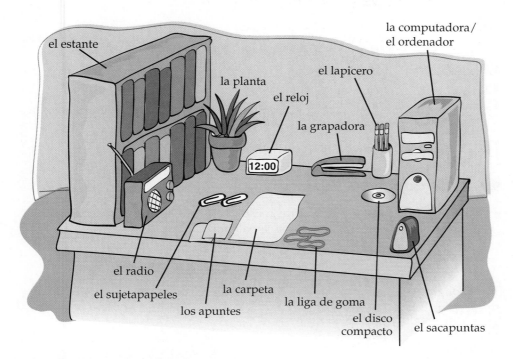

el estante

la computadora/
el ordenador

la planta

el lapicero

el reloj

la grapadora

12:00

el radio

el sujetapapeles

la carpeta

los apuntes

la liga de goma

el disco
compacto

el sacapuntas

Actividad 1-14 Sopa de letras

● Busque las palabras del vocabulario en la sopa de letras

L	I	B	R	O	L	U	C	A	S
U	M	O	C	H	I	L	A	S	U
C	P	R	L	O	N	L	S	I	J
E	R	R	A	L	T	A	A	E	E
S	E	A	P	A	E	V	C	N	T
T	S	D	U	R	R	E	A	T	A
E	O	O	N	A	R	R	R	O	P
C	R	R	T	D	U	O	N	T	A
L	A	R	E	I	P	A	E	I	P
A	R	A	S	O	T	R	T	Z	E
D	R	T	B	L	O	E	E	A	L
O	P	O	N	I	R	T	S	F	E
S	A	N	R	E	L	O	J	E	S

Actividad 1-15 ¿Qué es?

1. _____ se usa para escribir en la pizarra.

2. _____ se usa para tomar apuntes.

3. _____ es donde se sientan los estudiantes en clase.

4. _____ se usa para encender las luces.

5. _____ se usa para calcular.

6. _____ se usa para escribir un trabajo formal.

7. _____ se usa para borrar la pizarra.

8. _____ la profesora lo usa para proyectar sus apuntes a la clase.

9. _____ es para guardar lápices y bolígafos.

10. _____ es para escuchar música.

11. _____ es donde se escriben los apuntes.

12. _____ indica la hora.

13. _____ es para imprimir.

14. _____ se usa para destacar algo importante en los apuntes o en un texto.

15. _____ se usan para abrir una puerta cerrada.

❷ Actividad 1-16 Palabras relacionadas

● Túrnense para leer las palabras de la lista. Los otros en el grupo deben escribir todas las palabras relacionadas con la palabra.

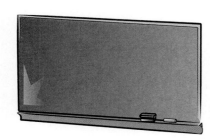

> Modelo: Estudiante 1: *pizarra*
> Estudiante 2: *la tiza y el borrador*

1. el bolígrafo
2. el reloj
3. los apuntes
4. la computadora
5. el sacapuntas
6. el carnet de identidad
7. el ratón
8. el llavero
9. el sujetapapeles

❷ Actividad 1-17 ¿Qué necesita Maite?

● Maite necesita comprar varias cosas para sus clases. Escriban un diálogo entre Maite y el cajero/la cajera de la librería universitaria.

❷ Actividad 1-18 ¿Qué tiene en su mochila?

● Con un compañero/a comparen los objetos que tienen en sus mochilas. Túrnense para adivinar (*guess*) estos objetos. Si acierta (*if you guess it right*), recibe un punto. Gana el juego quien consiga más puntos.

> Modelo: Estudiante 1: ¿Tienes llavero? Sí. (*You get one point.*)
> Estudiante 2: ¿Tienes un marcador rosa? No.

Actividad 1-19 Improvisemos

● **Situación:** Ud. va a la oficina de su consejero (*advisor*) por primera vez. ¿De qué hablan? ¿Qué quiere preguntarle?
● **Personajes:** Estudiante y consejero/a

AUDIO Actividad 1-20 Las clases de Maite

● Maite tiene que escribir un breve ensayo para su clase de sociología. Escuche el primer borrador (*first draft*) del ensayo que ha escrito y responda a las siguientes preguntas.

Paso 1

● Decida si las siguientes afirmaciones son verdaderas (V) o falsas (F).

1. El ensayo de Maite es para su clase de Sociología 409.   V / F
2. Las mujeres españolas son mejores estudiantes que los hombres.   V / F
3. Hoy hay más mujeres médicos que en el pasado.   V / F
4. Las mujeres prefieren las carreras de letras.   V / F

Paso 2

● ¿Cuál es el título del ensayo de Maite? ¿Le parece apropiado el título? Escriba un nuevo título para el ensayo.

_____

_____

Lectura *temática*

❷ Actividad 1-21 Antes de leer

Paso 1

● Lea el titular (*headline*) del artículo y la tabla estadística y haga una lista de los posibles temas para esta lectura temática.

_____

_____

_____

_____

_____

_____

ABANDONO DE ESTUDIOS

30%	latinas
12.9%	negras
8.2%	blancas

Paso 2

- Escriba definiciones básicas en español para estos cognados.

1. étnico _____

2. abandonar _____

3. informe _____

4. atender _____

5. presión _____

Las escuelas de EE.UU. no cumplen con las latinas

Una investigación sugiere que el sistema educativo de Estados Unidos deja atrás a sus estudiantes latinas, debido a que no comprenden sus características culturales.

Un informe de la Asociación Americana de Mujeres Universitarias afirma que las Latinas abandonan los estudios en un porcentaje mucho mayor que el de cualquier otro grupo étnico.

Además, las latinas tienen menos posibilidades de completar sus estudios universitarios. Otra investigación del Consejo Nacional de La Raza calcula que sólo el 10% de las mujeres latinas completa cuatro años de universidad.

Las causas

La asociación que publicó el estudio concluye que las jóvenes latinas generalmente tienen que atender tareas domésticas, como cuidar de sus hermanos menores.

También señala que existe una gran presión de los novios, que no quieren que sus futuras esposas sean demasiado educadas.

Estas características no son reconocidas por el personal de las escuelas.

Sugerencias

- Fomentar el éxito académico mostrando a las jóvenes que las carreras universitarias son opciones provechosas.

- Reclutar a maestras de ascendencia hispana que sirvan de modelo a seguir y conecten con los antecedentes culturales de sus alumnos.

- Involucrar a la familia en el proceso educativo para que comprenda los beneficios a largo plazo de una educación universitaria.

- Lidiar con los asuntos sociales como el embarazo adolescente y los estereotipos sociales.

Actividad 1-22 ¿Cuánto comprendió?

● Conteste a las siguientes preguntas con sus propias palabras.

1. ¿Por qué abandonan algunas latinas sus estudios?

_____

_____

_____

2. ¿Por qué es una buena opción una carrera universitaria?

_____

_____

_____

❷ Actividad 1-23 ¿Qué hago?

● Las respuestas que escribieron antes en los números 1 y 2 les ayudarán con esta actividad. Preparen un mini-diálogo entre dos personas. Una persona piensa abandonar sus estudios y la otra le ofrece razones en contra de esta idea.

❷ Actividad 1-24 Improvisemos

● Su amiga piensa abandonar la universidad para casarse con su novio, que es buen muchacho. ¿Qué le dice usted a favor o en contra de esta idea?

Gramática

El presente

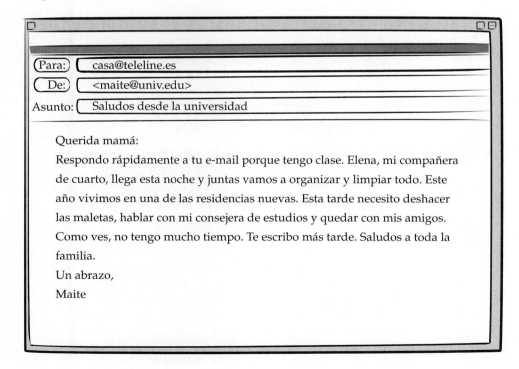

Para: casa@teleline.es
De: <maite@univ.edu>
Asunto: Saludos desde la universidad

Querida mamá:

Respondo rápidamente a tu e-mail porque tengo clase. Elena, mi compañera de cuarto, llega esta noche y juntas vamos a organizar y limpiar todo. Este año vivimos en una de las residencias nuevas. Esta tarde necesito deshacer las maletas, hablar con mi consejera de estudios y quedar con mis amigos. Como ves, no tengo mucho tiempo. Te escribo más tarde. Saludos a toda la familia.

Un abrazo,

Maite

- An interesting aspect about the present tense in Spanish is that it has three different uses. Read the **correo electrónico** (e-mail) again and focus on the following forms and their contextual meaning:

Respondo rápidamente a tu e-mail.
Elena, mi compañera de cuarto, llega esta noche.
No tengo mucho tiempo.

As you probably discovered the present can be used to express actions in progress, *Respondo rápidamente a tu e-mail*, future actions, *Elena, mi compañera de cuarto, llega esta noche*, and the simple present, *No tengo mucho tiempo*. This makes the present tense quite versatile in Spanish!

- Read the **mensaje** again and circle all the conjugated verbs that you can find and write them below. Can you determine their subject pronoun and their infinitive form?

Verbo	Pronombre sujeto	Infinitivo
escribo	yo	escribir

You probably found instances of all three conjugations in Spanish: **-ar**, **-er**, and **-ir.** In the chart below you will find their conjugation in the present tense.

Subject Pronoun	necesitar (-ar)	responder (-er)	escribir (-ir)
yo	necesit**o**	respond**o**	escrib**o**
tú	necesit**as**	respond**es**	escrib**es**
él, ella, usted	necesit**a**	respond**e**	escrib**e**
nosotros	necesit**amos**	respond**emos**	escrib**imos**
vosotros	necesit**áis**	respond**éis**	escrib**ís**
ellos, ellas, ustedes	necesit**an**	respond**en**	escrib**en**

- What other *-ar*, *-er*, and *-ir* verbs do you remember that are associated with university life? Write them below and then make certain you practice conjugating them.

The verbs below are irregular in the first-person singular (the **yo** form), which you probably remember.

tener → tengo	decir → digo
hacer → hago	poner → pongo
estar → estoy	dar → doy
venir → vengo	salir → salgo
ir → voy	ser → sox

Actividad 1-25 Frases

● Mire las tres columnas. Escriba una serie de frases utilizando un elemento de cada columna.

José	hacer	la lección
yo	escribir	español
nosotras	leer	una presentación
ellos	abrir	la radio
tú	mirar	un libro
Maite y Elena	visitar	en la biblioteca
	estudiar	mucho
	vivir	una carta
	explicar	una revista
	hablar	la tarea
	buscar	la puerta
	escuchar	en la residencia
		la librería
		matemáticas

1. _____

2. _____

3. _____

4. _____

5. _____

6. _____

7. _____

8. _____

Actividad 1-26 Maite escribe una carta a sus padres.

● Ayude a Maite a completar la carta. Use el tiempo **presente**. Preste atención a la concordancia (*agreement*) entre el sujeto y el verbo. Use los verbos de la tabla y recuerde que puede usar algún verbo más de una vez.

estar	practicar	tener	ir	ser	bailar	vivir	tomar	estudiar

Queridos mamá y papá:

¿Cómo 1. _____? Yo estoy muy contenta en esta universidad. 2. _____ muchos amigos y las clases 3._____ muy interesantes. 4. _____ en una residencia muy grande y bonita. Mi compañera de cuarto se llama Elena y es de Venezuela. Elena 5. _____ muy simpática y 6. _____ también 23 años. Elena y yo 7. _____ a las clases por la mañana y a las doce y media del mediodía 8. _____ el almuerzo (*lunch*) juntas en un comedor de la universidad. La comida es cara y no muy buena.

    Por la tarde, (yo) 9. _____ la tarea en el cuarto, pero Elena prefiere 10. _____ en la biblioteca. Más tarde las dos vamos al gimnasio para 11. _____ algo de deporte. Los fines de semana vamos a las discotecas y 12._____ toda la noche. Bueno, me siento feliz aquí, pero les extraño mucho.

Con cariño,

❷ Actividad 1-27 Encuesta en clase: ¿Qué haces este semestre?

● A continuación hay varias actividades. Primero lean las actividades y formulen la pregunta. Después, levántense y pregunten a sus compañeros si hacen estas actividades normalmente. Cuando un compañero conteste "Sí" éste tiene que escribir su nombre.

> Modelo: Estudiante 1: ¿Lees cien páginas cada noche?
> Estudiante 2: Sí (leo cien páginas...)
> Estudiante 1: Vale, escribe tu nombre

Actividades	Nombres
leer cien páginas cada noche	
asistir a todas sus clases	
practicar español cada día	
tocar un instrumento	
vivir en una fraternidad	
estudiar en la residencia	
trabajar en la biblioteca	
tener amigos que hablan español	
saber otro idioma	
comer en la cafetería	
hacer experimentos en el laboratorio	
salir todos los días	

❷ Actividad 1-28 ¿Qué hacen?

Paso 1

● Maite y Elena son compañeras de cuarto. Escriban una lista de por lo menos ocho actividades que ellas hacen durante la semana. Utilicen *una variedad de verbos*.

> Modelo: Maite visita a sus amigos.
> Elena estudia en la biblioteca todos los días.

1. _____
2. _____
3. _____
4. _____
5. _____
6. _____

7. _____

8. _____

🄖 Paso 2

- Ahora comparen sus respuestas. Una persona de cada grupo debe leer la lista. ¿Son Maite y Elena estudiantes típicas? ¿Qué hacen típicamente durante una semana?

Paso 3

- Ahora piensen en actividades más originales y divertidas para Maite y Elena. Preparen con su compañero/a una descripción fascinante de las vidas de Maite y Elena. Después, presenten su descripción a la clase y voten por la vida más interesante.

Angela es periodista de un periódico importante de México. También es soltera, aunque tiene un novio que se llama Rafael.

Rafael Montoyo es doctor en la sala de urgencias de un hospital grande de México. Es un cirujano brillante y dedicado.

Ser

You probably remember that the verb **ser** means *to be* in English. Read through the cartoon below and focus your attention on the uses of *ser*.

SER			
yo	soy	nosotros	somos
tú	eres	vosotros	sois
él, ella, Ud.	es	ellos, ellas, Uds.	son

Ser is used:

When talking about nationality, religion, or profession.

¿Eres estadounidense?

Fidel Castro es cubano.

Elena es católica.

Penelope Cruz es actriz.

When describing an inherent/intrinsic characteristic.

Maite es muy estudiosa.

Homer Simpson es muy perezoso.

La cantante colombiana Shakira es muy guapa.

When telling time.

Es la una y media.

Son las tres.

Ser + de indicates origen or possession or the material from which an item is made.

El actor Antonio Banderas es de España.

Este libro es de mi compañero de clase.

La chaqueta es de lana.

Ser + para indicates the purpose of something or the destination of something.

Esta clase es para estudiantes que ya saben un poco de español.

La computadora es para ti.

Ser + adjective indicates a generalization.

Es importante estudiar mucho.

Es necesario dormir ocho horas todos los días.

Es interesante leer el periódico de la universidad.

Ser + location indicates where an event will take place.

El examen final es en el auditorio.

La cena es en el Restaurante Cubano a las ocho.

Ser allows us to describe the world around us. Look at the following adjectives. You are probably already familiar with many of these.

ADJETIVOS ASOCIADOS CON LA APARIENCIA FISICA Y LA PERSONALIDAD

alto/a	bajo/a	simpático/a	amable
aburrido/a	estúpido/a	moreno/a	rubio/a
pelirrojo/a	inteligente	listo/a	interesante
fascinante	alegre	hablador/a	tímido/a
arrogante	gordo/a	delgado/a	esbelto/a
atrevido/a	chistoso/a	callado/a	tacaño/a
grosero/a	bruto/a	pesado/a	despistado/a

Actividad 1-29 ¿Cómo son?

● A continuación hay una serie de frases con dos adjetivos entre paréntesis. Escoja el adjetivo apropiado.

1. Michael Jordan es _____ (alto, arrogante).

2. Mi tío rico nunca compra regalos; es muy _____ (callado, tacaño).

3. Elena siempre dice cosas cómicas; es muy _____ (chistosa, baja).

4. «Dennis the Menace» (o Daniel el Travieso) es un niño muy _____ (moreno, atrevido).

5. Nunca recuerdo nada; soy tan _____ (amable, despistado/a).

6. No me gusta mi clase de filosofía; es muy _____ (interesante, aburrida).

7. Mi amiga siempre hace ejercicios; es muy _____ (esbelta, gorda).

8. Teresita puede hablar durante horas; es muy _____ (pesada, habladora).

Actividad 1-30 ¿Quién es?

- Nombre...

1. una actriz guapa y talentosa _____

2. un político arrogante _____

3. un líder fascinante _____

4. una profesora amable _____

5. una persona callada de la clase _____

6. una persona rubia de la clase _____

Actividad 1-31 ¡Descríbalo!

Paso 1

- Escoja una persona, país, animal o cosa de la siguiente lista y escriba una descripción. También puede pensar en otras personas, países u objetos.

    Modelo: Antonio Banderas es actor español. También es inteligente y guapo.

Kevin Costner	Picasso
Cameron Díaz	Colombia
Ricky Martin	México
Gloria Estéfan	Sammy Sosa
Steffy Graf	un teléfono
Arnold Schwarzenegger y Maria Shriver	un león
Don Quijote	un reloj
Bill Clinton	

G Paso 2

- Túrnense y lean sus descripciones. ¿Pueden adivinar de qué/quién se habla?

Actividad 1-32 ¡Ay, mi corazón!

● A continuación presentamos dos personajes adicionales de *¡Ay, mi corazón!* Rellene los espacios en blanco con un verbo apropiado.

_____ amiga de Angela

_____ abogada

_____ 30 años

_____ en un apartamento grande

La ley _____ su pasión

_____ con Angela

_____ reportero/periodista

_____ para un periódico.

_____ maduro y honrado.

_____ un hombre callado y misterioso.

Actividad 1-33 ¿Quién soy?

● Para el laboratorio de lenguas

Paso 1: En casa

● Escriba una descripción de una persona verdadera o ficticia. ¡No mencione el nombre de la persona en la descripción!

_____

_____

_____

_____

Paso 2: En el laboratorio

● Grabe la descripción y después escuche las descripciones de por lo menos siete compañeros y escriba el nombre de la persona que cree que ha descrito. Comparen sus respuestas.

1. _____

2. _____

3. _____

4. _____

5. _____

6. _____

7. _____

Actividad 1-34 Es así

- Escriba un e-mail a sus padres en el que describe a un/a compañero/a. (Use las cartas de Maite como modelo.)

_____

_____

_____

_____

_____

_____

❷ Actividad 1-35 Improvisemos

Situación: Hable de sus primeras semanas en la universidad.

Personajes: Usted y uno de sus padres

¡A escribir!

Writing well in any language is about process. In the ¡A escribir! section of your text, you will have opportunities to build the skills that will allow you to write comfortably in Spanish.

In this composition, your task is to write the opening **paragraph** of your autobiography. Since you are the topic, you should know the subject well!

Actividad 1-36 ¿Cómo soy?

Paso 1

- Llene los espacios en blanco con palabras descriptivas.

Mi personalidad

_____ tímida _____

_____

_____

_____

_____

Mi apariencia

_____ rubia _____

_____

_____

_____

_____

Paso 2

- Ahora añada más información...

Lo que me gusta

_____ ir al cine _____

_____

_____

_____

_____

Lo que no me gusta

_____ las telenovelas _____

_____

_____

_____

_____

Mis sueños	Mis cualidades
escribir novelas	_soy optimista_

Mis defectos	Mi mejor recuerdo
Soy impaciente	_Mi viaje a California_

Paso 3

- Pídale a alguien que le describa con una palabra o una expresión.

Paso 4

- Busque las palabras desconocidas en un buen diccionario.

Actividad 1-37 La escritura libre

Paso 1

- In the activity above you gathered a lot of information about yourself. You won't want to include all of it in your paragraph, but certainly some of it would be interesting to a reader. Try looking at the information above and then using it to just write freely in Spanish for about ten minutes. (For the time being don't look up any unknown words in the dictionary, just jot them down in English.)

Paso 2

- Look at your composition carefully. You probably included lots of different sorts of information, but you won't want to use all of it. What is the most interesting thing that you have written? Perhaps, it's the fact that you are the first person in your family to attend college, the third person in your family to be called William, or your dream of becoming a millionaire before you are 30. Take that sentence and develop it further. What three additional details can you provide that enhance/support your statement?

Paso 3

- Take the information from Pasos 1 and 2 and write a basic paragraph focusing on the information you developed. Look at your paragraph. Does it have a strong introductory sentence? Will it ignite interest among your audience? Is there a logical sequence to the sentences? Do your ideas flow easily? Do you have a strong final sentence?

Paso 4

- Proofreading. Look at your paragraph.

☐ Do the subjects and verbs agree?
☐ Do adjectives agree with their nouns?

Contextos

(G) Actividad 1-38 ¡A jugar!

- In pairs you will go to the front of the classroom and sit down. Your instructor will hand one of you a piece of paper with the name of a well-know person, place or thing on it. Your partner will begin to ask you a series of questions in their quest to identify the name the paper. They may only ask you yes/no questions and you may only answer with the response *sí* or *no*.

Actividad 1-39 Informes

- You have decided to study abroad in Argentina and you are going to send a short videotape (about 2 minutes) of yourself to your prospective family. You will want to introduce yourself, talk a little about what you do, what you study, and explain why you want to study in Argentina. (You don't need to worry about really videotaping yourself.)

Class Listening Activity

Imagine that you and your colleagues work for Enlaces Argentinos —a study abroad organization that arranges for home stays and study in Buenos Aires. You have four or five more students to place with families and you are reviewing their videotapes in order to make a perfect match. Below are the descriptions of the remaining families. As you listen to the various students talk about themselves, take notes. When you have finished with the videotapes, decide who should be placed with each host family and be able to explain why.

La familia Mendoza: una familia de cuatro personas. Viven en un apartamento muy grande. El señor Mendoza es hombre de negocios y su mujer es psicóloga. Tienen dos hijos; la hija tiene 5 años y el hijo tiene 12 años. Hay una criada que cuida la casa y cocina.

La señora Valero: viuda. Tiene 50 años y vive en un apartamento simple, pero muy limpio. Es muy buena cocinera y le gusta la gente joven. Tiene dos hijas casadas.

La señora Gutiérrez: divorciada con dos niños. Es enfermera y trabaja en un hospital. Sus hijos tienen 16 y 17 años y son aficionados al fútbol. Habla inglés porque vivió en Estados Unidos durante dos años. Quiere que sus hijos aprendan más sobre la cultura estadounidense. Pasa muchas horas en el hospital y su madre, que vive con ella, cuida de la casa.

Los Benedetti: una pareja sin niños. Su apartamento es pequeño pero está cerca de la universidad y el señor Benedetti es profesor de historia.

Vocabulario

Palabras relacionadas con la universidad

Edificios

la residencia	dormitory
la biblioteca	library
el comedor	cafeteria
la clase	classroom
la oficina	office
la librería	bookstore
el centro estudiantil	student center
el gimnasio	gymnasium
el laboratorio	laboratory
el auditorio	auditorium

Clases

el francés	French
el alemán	German
el italiano	Italian
el japonés	Japanese
el inglés	English
las ciencias	Sciences
el arte	Art
la literatura	Literature
la historia	History
las matemáticas	Mathematics

Verbos

estudiar	to study
leer	to read
hablar	to speak
charlar	to chat
escribir	to write
escuchar	to listen
asistir	to attend
matricularse	to register
sacar buenas/ malas notas	to get good/bad grades
traducir	to translate

Vocabulario relacionado con la personalidad

amable	kind
inteligente	intelligent
bonito/a	pretty
contento/a	happy
moreno/a	dark-haired
listo/a	clever
malo/a	bad
delgado/a	thin
alto/a	tall
tímido/a	shy
simpático/a	nice
antipático/a	mean
guapo/a	good-looking
preocupado/a	worried
rubio/a	blonde
bueno/a	good
flaco/a	skinny
gordo/a	fat
bajo/a	short
raro/a	strange

Cursos

la contabilidad	accounting
la informática	computer science
la química	chemistry
la física	physics
la mercadotecnia/el marketing	marketing
las relaciones públicas	public relations
la ingeniería	engineering
el derecho	law
el gobierno	government

Palabras asociadas con la vida académica

la materia/asignatura	subject	el profesorado	faculty
el curso	course	apuntar	to write down notes
el marcador	highlighter	aprobar un curso	to pass a class
el ordenador/la computadora	computer	suspender*	to fail a course
la mochila	backpack	especializarse en	to major in
la investigación	research	aconsejar	to advise
la lectura	reading	investigar	to research
la conferencia	lecture	hacer la tarea	to do homework
		presentar	to present

*reprobar or aprobar are possible alternatives

Capítulo 2

Linguistic functions

- Giving information

Structural focus

- **Estar, ser** and **estar** contrasted, and irregular present tense verbs

Review

- Periphrastic future, numbers 1–100, and telling time

El chisme

Lluvia de ideas

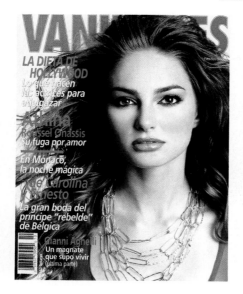  

❷ Actividad 2-1 Las revistas del corazón

Miren las revistas. ¿Cuáles son los temas de estas *revistas del corazón?*

Paso 1

● Las revistas publican *chismes* o *cotilleos*, pero ¿sobre quién? ¿Quiénes aparecen entre las páginas de estas revistas? Escriban una lista.

_____

_____

_____

_____

_____

Paso 2

● Después de hacer la lista, ¿pueden escribir otra lista de las profesiones que practican esas personas? ¿Hay otras profesiones que generen cotilleos en las revistas del corazón?

_____

_____

_____

_____

_____

Paso 3

● ¿Qué temas tratan las revistas del corazón? ¿Cuáles son temas de cotilleo para estas revistas?

_____

_____

_____

_____

G Paso 4

● Ahora comparen sus respuestas con otro grupo y contesten a las siguientes preguntas.

1. En general, ¿sobre quiénes leemos chismes?

2. ¿Cuál es el tema de cotilleo más popular? ¿Por qué?

3. ¿Sobre qué personas famosas les gusta leer? ¿Por qué escogen a estas personas?

Paso 5

● Compartan sus respuestas con el resto de la clase.

	Grupo A	Grupo B	Grupo C	Grupo D	Grupo E
quién					
cotilleo					
persona					

VOCABULARIO ÚTIL

el actor / la actriz	el / la cantante
el director / la directora	el millonario / la millonaria
el escritor / la escritora	el / la atleta
el / la político / a	la clase alta

Ⓖ Actividad 2-2 Un estudio sociológico

Paso 1

● Ahora van a examinar unas revistas y periódicos para hacer un estudio más científico sobre los cotilleos. Cada grupo necesita elegir (*elect*) un(a) secretario(a), un(a) presentador(a), y un(a) investigador(a).

Investigador(a): Mire la revista o el periódico y escoja cinco artículos. Después, prepare las siguientes preguntas para cada artículo: ¿De quién trata? ¿Qué profesión representa? ¿Cuál es el tema del artículo?

Secretario/a: Rellene la siguiente tabla con la información que reciba del investigador(a).

	¿Quién?	¿Profesión?	¿Tema?
Artículo 1			
Artículo 2			
Artículo 3			
Artículo 4			
Artículo 5			

Presentador(a): Lea la información que el secretario(a) ha escrito.

Paso 2

● **Presentador(a):** Presente los resultados de su estudio a la clase.

Paso 3

● Comparen los resultados con los de la clase.

Actividad 2-3 ¿Le gusta cotillear?

Paso 1

● Conteste individualmente a las siguientes preguntas. ¡Sea sincero/a!

1. ¿Lee revistas del corazón? _____

2. ¿Mira programas de cotilleos en la televisión?_____

3. ¿Tiene interés en la vida privada de otras personas? _____

4. ¿Cotillea con sus amigos?_____

5. ¿Cotillea de sus amigos? _____

6. ¿Es malo cotillear?_____

7. ¿Cotillean las mujeres? _____

8. ¿Cotillean los hombres? _____

Ⓖ Paso 2

● Rellenen los espacios en blanco.

1. Razones para leer o escuchar chismes:

_____ _____ _____ _____

2. Razones para cotillear:

_____ _____ _____ _____

2. Ejemplos de chismes buenos:

_____   _____   _____   _____

4. Ejemplos de chismes crueles:

_____   _____   _____   _____

5. Escriba una definición de chisme:_____

_____

Paso 3

● Comparen sus respuestas con las de toda la clase.

② Actividad 2-4 ¿Qué chismes saben sobre estos personajes?

Jennifer López

Vicente Fox

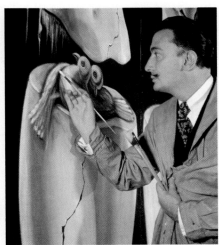

Salvador Dalí

● Miren los dibujos y escriban algo chistoso sobre cada uno.

1. _____

2. _____

3. _____

Paso 1

● Antes de escuchar

¿Cuántos actores y actrices de origen hispano puede(n) recordar? Escriba(n) sus nombres.

_____

_____

Paso 2

● Escuchar

Maite y Elena están escuchando la radio desde la computadora. Es una cadena de radio de Venezuela. Escuche atentamente este programa de radio sobre cotilleos de algunos actores hispanos.

Paso 3

● Después de escuchar

Conteste a las siguientes preguntas:

1. ¿Cómo se llama esta cadena de radio? ¿En qué día se puede escuchar este programa de radio?

_____

2. ¿Cuál es el tema del programa de hoy?

_____

3. ¿Qué tres actores de origen hispano se mencionan? ¿De dónde son estos tres actores?

_____

4. Escriba la dirección de Internet donde se puede obtener más información sobre este tema:

_____

¿Cuál es el eslogan de esta cadena de radio?

_____

Sí recuerdo

Repaso de gramática

El futuro perifrástico

You probably remember how to form the periphrastic future, or the simple future:

$$Ir + a + infinitivo$$

Voy a estudiar.	_I am going to study._
Voy a hablar con. . . .	_I am going to speak with. . . ._
Voy a comer.	_I am going to eat._

This tense is a common way of speaking about future events. Do you remember the rest of the forms of the verb _ir_?

yo	_voy_	nosotros	_____
tú	_____	vosotros	_vais_
él, ella, Ud.	_____	ellos, ellas, Uds.	_____

② Actividad 2-6 ¿Qué hace Maite en un día normal?

Paso 1

● Hagan una lista con su compañero/a de diez actividades que Maite va a hacer durante la semana.

1. _____

2. _____

3. _____

4. _____

5. _____

6. _____

7. _____

8. _____

9. _____

10. _____

G Paso 2

● Trabajen con su compañero/a; pregunten a otros estudiantes si van a hacer hoy las mismas actividades que Maite (Paso 1). Cuando alguien conteste «Sí», tiene que escribir su nombre.

Modelo: Estudiante 1: ¿Van a hacer ejercicio hoy?
Estudiante 2: Sí (hoy voy a hacer ejercicio).
Estudiante 1: Vale, escriba su nombre.

Nombres	Actividad

yo	**voy**	nosotros	**vamos**
tú	**vas**	vosotros	**vais**
él, ella, Ud.	**va**	ellos, ellas, Uds.	**van**

Actividad 2-7 Los Simpsons

- ¿Qué va a hacer la familia Simpson?

1. Bart y sus amigos_____

2. Homer Simpson_____

3. Marge Simpson _____

4. El bebé Maggie_____

5. Lisa, la hermana de Bart, _____

Actividad 2-8 ¿Qué va a hacer el viernes por la noche?

Paso 1

- Complete las siguientes frases sobre sus planes para el viernes por la noche.

1. El viernes por la noche primero (yo) _____

y después_____ .

2. Mi amigo/a y yo_____ .

Paso 2

- Ahora pregunte a su compañero/a y a su profesor/a sus planes para el viernes por la noche.

1. Mi compañero/a de clase de español _____ .

2. Mi profesor/a de español _____ .

Actividad 2-9 ¡Ay mi corazón!

- Escriba lo que va a ocurrir en cada dibujo. ¿Qué más va a ocurrir?

1. La pareja _____ .

2. Angela _____ .

3. Rafael _____ .

4. La mujer_____ .

5. Rafael y Angela_____ .

6. Rafael y la mujer_____ .

Los números del 1 al 100

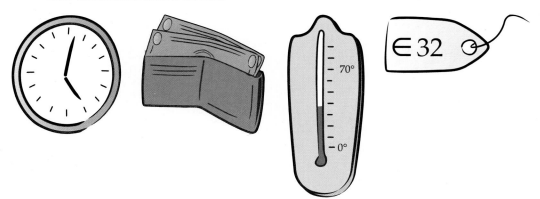

Numbers are essential to our everyday lives; we need them to shop, tell time, make a telephone call, apply for a job, etc. Indeed, it is unlikely that we could get through a day without giving out some type of number! For that reason we will be reviewing the numbers 1 through 100.

You can probably easily remember the numbers from 1 through 10. Write the numbers that are associated with the drawings.

_____

_____

_____

_____

_____

_____

_____

Plato del

día 9 €

_____

_____

5

5

_____

❷ **Actividad 2-10** **Entrevista de trabajo para este verano**

• Imagínense que uno/a de ustedes está solicitando trabajo para el verano en la revista del corazón *Teen People*. Su compañero/a es el gerente (*manager*) y va a hacerle preguntas porque necesita cierta información. Conteste a todas sus preguntas. Despúes túrnense para que los dos practiquen. Escriban las respuestas en el formulario a continuación.

1. Nombre _____

2. Fecha de hoy _____

3. Fecha de nacimiento _____

4. Número de teléfono _____

5. Domicilio _____

6. Nombres y números de teléfono

   de referencias _____

   _____

   _____

7. Años de experiencia _____

   _____

8. Razones para querer trabajar en *Teen People*

   _____

Más números

Try to remember the numbers 11–15. If you have some trouble, you'll find them at the end of this section.

_____

_____

_____

_____

_____

_____

Now write in the numbers 16–19. These are pattern based. What's the pattern?

Mayo

				1	2	3
4	5	6	7	8	9	10
11	12	13	14	15	(16)	(17)
(18)	(19)	20	21	22	23	24
25	26	27	28	29	30	31

_____

_____

_____

_____

_____

_____

Pattern: _____

Numbers 20–29 are pattern-based as well. Can you remember them?

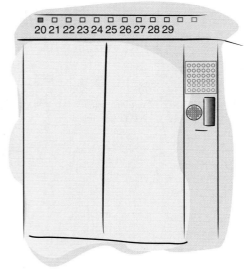

_____

_____

_____

_____

_____

_____

_____

_____

_____

_____

What about the numbers 30 through 100? Write out the temperatures that are highlighted on the thermometer.

_____   _____   _____

_____   _____   _____

_____   _____

Tengo (75) _____ dólares.

Necesitamos (31) _____ créditos.

Hay (55) _____ estudiantes en la clase.

Sirven a más de (45)_____ personas cada día.

You will use *cien* before a noun, e.g., *cien libros, cien periódicos.*

② Actividad 2-11 El euro

- Miren a continuación las fotos de varios euros, la divisa común en la comunidad europea. Con un compañero identifiquen en voz alta cada moneda o billete.

Son monedas de _____, _____ y _____ centavos.

Son monedas de _____, _____ y _____ centavos.

Son monedas de _____ y _____ euros.

② Actividad 2-12 ¿Cuál es el salario mínimo de...?

- A continuación hay una tabla que indica el salario mínimo de varios países europeos. Con su compañero/a, túrnense para preguntar: «¿Cuál es el salario mínimo de...?» El otro estudiante contesta: «El salario mínimo de X es de _____ euros» utilizando la información en la tabla.

UN SALARIO DE MIEDO

SALARIO MÍNIMO INTERPROFESIONAL (2001) (*) EUROS POR HORA TRABAJADA

España 1,80
Portugal 2,09
Grecia 2,65
Italia 6,41
Irlanda 6,43
Francia 6,67
Bélgica 6,85
Países Bajos 7,35
Luxemburgo 9,67

Fuente: William M. Mercer, 2001.
En Austria, Alemania y Finlandia no existe SMI.
(*) En España el SMI en 2002 es de 1,84 euros.

Ⓖ Actividad 2-13 Un estudio estadístico en clase

Paso 1

- Divídanse en seis grupos. Cada grupo va a trabajar para hacer un estudio estadístico. Lean las instrucciones y hagan el estudio.

Grupo A: Averigüen (*find out*) la siguiente información sobre sus compañeros de clase. Después de recibir y organizar esta información, calculen el porcentaje de la clase que estudia historia o inglés, etc.

¿Qué clases tiene?

¿Cuál es su especialidad?

Grupo B: Averigüen la siguiente información sobre sus compañeros de clase. Después de recibir y organizar esta información, calculen el porcentaje de la clase que ha estudiado uno, dos, tres o más años de español.

¿Cuántos años ha estudiado español?

¿Ha estudiado otra lengua?

Grupo C: Averigüen la siguiente información sobre sus compañeros de clase. Después de recibir y organizar esta información, calculen el porcentaje de la clase que tiene uno, dos, tres o más hermanos.

¿Cuántos hermanos tiene?

¿Tiene hermanos mayores (*older*)? ¿Y menores (*younger*)?

Grupo D: Averigüen la siguiente información sobre sus compañeros de clase. Después de recibir y organizar esta información, calculen el porcentaje de la clase que vive en apartamento, residencia, etc.

¿Vive en un apartamento o en una casa? o ¿vive en una residencia universitaria?

¿Vive con sus padres? ¿Vive solo/a o con un(a) compañero/a?

Grupo E: Averigüen la siguiente información sobre sus compañeros de clase. Después de recibir y organizar esta información, calculen el porcentaje de la clase que estudia en la biblioteca, etc.

¿Estudia en la biblioteca o en su cuarto?

¿Estudia en otro lugar?

Grupo F: Averigüen la siguiente información sobre sus compañeros de clase. Después de recibir y organizar esta información, calculen el porcentaje de la clase que cree que la comida del comedor universitario es buena, mala, etc.

¿Cree que la comida del comedor universitario es buena?

¿Cree que es mala?

¿Cree que es aceptable?

Paso 2

- Presenten sus estudios al resto de la clase.

② Actividad 2-14 Gastos imprevistos

Paso 1

- Tienen $100 para gastar este mes después de pagar todas sus cuentas. Pero también hay gastos imprevistos. Cien dólares no es mucho, así que primero, pongan en orden de prioridad los siguientes elementos. Después, decidan qué actividades van a hacer y cuánto van a gastar en cada una. ¡Sean honestos/as en sus cálculos!

Gastos adicionales imprevistos	Prioridad	Dinero gastado	¿Lo hago?
Regalo de cumpleaños para su mamá			
El CD de su cantante favorito que acaba de estrenar			
Una cena con alguien interesante que acaba de conocer			
Gasolina para el coche; el tanque está casi vacío			
Devolver los $15 dólares que un amigo le prestó anteayer.			
Un libro para la clase de inglés			
Una camisa nueva para una cita romántica			

Paso 2

- Si pueden cumplir con todas sus obligaciones, escriban cómo lo hacen. Si no pueden hacerlo, escriban qué deciden hacer y por qué.

_____
_____
_____
_____
_____
_____

Euro moneda

El 1 de enero de 2002, exactamente tres años después del lanzamiento de la moneda europea, los billetes y monedas del euro entraron finalmente en circulación.

Algunas compañías y bancos ya han comenzado a usar el euro como divisa electrónica.

Pero ahora el euro se ha convertido en dinero "real", en los bolsillos de más de 300 millones de consumidores de los 12 países que forman parte de la "euro-zona".

Desde julio de 1999, se han producido 14.5 mil millones de billetes y más de 56 mil millones de monedas.

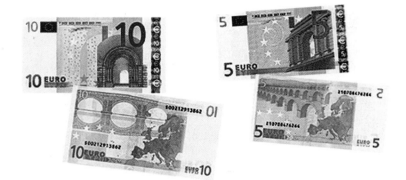

Actividad 2-15 Todo sobre el euro

- Lea el artículo y conteste a las siguientes preguntas:

1. ¿Qué es el euro? _____

2. ¿Cuándo entró el euro en circulación? _____

3. ¿Cuántas personas usan el euro? _____

4. ¿Cuántos países son parte de la "euro-zona"? Mencione algunos de estos países. _____

5. ¿Cuántas monedas de euro hay?_____ ¿Y billetes? _____

❷ Actividad 2-16 ¡A jugar!

- Usted y su compañero/a son concursantes en *El precio justo*. Necesitan escoger cinco objetos (de ocho) cuyo precio combinado no sea más de 7 euros.

La hora

All of the elements below are used in Spanish in order to tell somebody that it is 9:00 A.M. Put those elements in the appropriate order.

de	nueve	es/son	la tarde/ la noche/ la mañana	la/las
_____	_____	_____	_____	_____

¡OJO!

It isn't always necessary to indicate *de la mañana, de la tarde,* or *de la noche.*

Look at the following examples and then fill in the blanks for the statements that follow.

Es la una.   Vamos a salir a las nueve en punto de la mañana.

Son las doce.   Vamos a salir por la tarde.

Son las tres de la mañana.   Es la una y cuarto.

Estudio por la mañana.   Son las dos menos cuarto.

Comemos a las siete de la tarde.

1. _____ is used to add time up to the half-hour, _____ is used to express the minutes that go beyond the half-hour.

2. If you want to emphasize punctuality, you might add the expression _____.

3. Both *es* and *son* are used to tell time. *Son* is used for all numbers except
_____.

4. If you want to express the concept *quarter*, _____.

5. You use *por* instead of *de* when you talk about _____.

6. When you want to tell someone at what time an event will occur, you will add
the preposition _____.

¿Qué hora es?

_____ _____ _____ _____

❷ Actividad 2-17 ¿Cuándo está libre?

● Nuestra amiga Maite necesita reunirse al menos dos horas con un compañero,
José, para organizar una fiesta para la asociación de estudiantes graduados.
Un estudiante va a tomar el papel de José y otro el papel de Maite. Examinen
sus horarios y encuentren dos horas que sean convenientes para la reunión.

Hora	Lunes	Martes	Miércoles	Jueves	Viernes	Sábado	Domingo
9:00–10:00	Clase de literatura		Clase de literatura		Clase de literatura	Viaje a Nueva York	
10:00–11:30		Clase de sociología		Clase de sociología			
12:00–1:00		Almuerzo con el Prof. Torres					
1:00–2:00	Clase de inglés		Clase de inglés		Clase de inglés		
1:30–4:00							
3:00–4:30	Clase de historia		Clase de historia				
5:00–6:00		Reunión club tenis					
7:00–8:30	Ensayo para la orquesta		Ensayo para la orquesta	Ensayo para la orquesta			Volver a la universidad tarde

Horario de Maite

Hora	Lunes	Martes	Miércoles	Jueves	Viernes	Sábado	Domingo
9:00–10:30	Clase de matemáticas		Clase de matemáticas	Excursión de estudios		Libre	Libre
10:00–11:00	Clase de biología		Clase de biología	Excursión	Clase de biología		
12:00–1:00		Almuerzo		Excursión			
1:00–2:00	Clase de español	Laboratorio	Clase de español	Excursión	Clase de español		
3:00–4:30	Clase de arte	Laboratorio	Clase de arte	Excursión			
4:30–6:00	Natación	Natación	Natación	Natación	Natación		

Horario de José

Actividad 2-18 La vida más ocupada

Paso 1

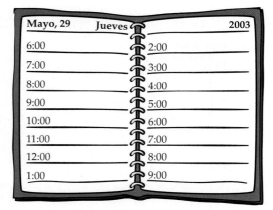

- Escriba una descripción de un día típico en su vida. Incluya en la descripción la hora en que normalmente hace la actividad.

    Modelo: Me levanto a las seis de la mañana.

1. _____
2. _____
3. _____
4. _____
5. _____
6. _____
7. _____
8. _____
9. _____

❷ Paso 2

- Con un compañero/a, túrnense para comparar sus listas.

❻ Paso 3

- Con otro grupo, túrnense para comparar sus listas y decidan cuál es la vida más ocupada.

❷ Paso 4

- Cada grupo de cuatro estudiantes debe presentar el horario del estudiante más ocupado a toda la clase. Finalmente, toda la clase va a votar qué estudiante tiene la vida más ocupada.

Trenfe — Horarios y Precios

Para ver el recorrido del tren pulse sobre el nombre del tren en la casilla "RECORRIDO TIPO TREN".

RECORRIDO TIPO TREN	LLEGADA		PERÍODO DE CIRCULACIÓN (1)	PRECIOS (EURO)	
00177 **Montjuic**	07:03	13:35	DIARIO del 31-03-2003 al 03-05-2003	Turista Turista–Niño Preferente Preferente–Niño	44,00 26,40 58,00 34,80
	07:03	13:35	DIARIO del 04-05-2003 al 14-06-2003		
00041 **TransMadrid**	08:30	15:01	DIARIO del 03-04-2003 al 03-05-2003	Turista Turista–Niño Preferente Preferente–Niño	40,50 24,30 53,50 32,10
	08:30	15:01	DIARIO del 15-04-2003 al 03-05-2003		
	08:30	15:01	DIARIO del 04-05-2003 al 14-06-2003		
00041 **Costa Brava**	22:03	07:00	DIARIO del 19-01-2003 al 21-04-2003	Turista Turista–Niño Preferente Preferente–Niño Literas	32,50 19,50 43,00 25,80 41,5
	22:03	07:00	DIARIO del 22-04-2003 al 14-06-2003		
00041 **TRENHOTEL**	23:00	08:00	LMXJV D del 19-01-2003 al 19-04-2003	Turista Turista–Niño Preferente Preferente–Niño	40,50 24,30 53,50 32,10
	23:00	08:00	LMXJV D del 20-04-2003 al 03-05-2003		
	23:00	08:00	LMXJV D del 04-05-2003 al 14-06-2003		

Seleccionar trenes del trayecto inverso MADRID (*) – BARCELONA (*)

(*) Ciudades con más de una estación. Pulse sobre la casilla "RECORRIDO TIPO TREN", para consultar la estación de salida/llegada del tren.
(1) Días de circulación correspondientes a fecha de paso de tren por la estación solicitada (origen viaje).
L = Lunes, M= Martes, X = Miércoles, J = Jueves, V = Viernes, S = Sábado, D = Domingo

CLASES

1 Primera Camas **2** Segunda Literas **C** Club Motoexpreso **P** Preferente Autoexpreso **T** Turista Asiento super reclinable

PRESTACIONES

Copa de bienvenida · Servicio de Cafetería · Comida en coche restaurante · Restaurante

Desayuno en asiento en Preferente y Club · Almuerzo en asiento en Preferente y Club · Snack en asiento en Preferente y Club · Cena en asiento en Preferente y Club

Comida en asiento en Preferente · Teléfono · Video · Música

Acompañamiento de menores · Prensa · Plazas personas con movilidad reducida · Aseos personas movilidad reducida

Tren con reserva telefónica · Facturación equipajes · Cheking · Precios trenes internacionales

Paso 1

● Decida con su compañero/a quién va a ser el cliente y quién va a ser el telefonista de TRENFE. El cliente quiere viajar de Barcelona a Sevilla en tren y llama a TRENFE para informarse del horario y precios de los billetes de tren. El telefonista le da la información al cliente.

Paso 2

● Escriban las preguntas que puede hacer el cliente. Busquen las respuestas en el horario de la página anterior.

Posibles preguntas:

1. _¿A qué hora salen los trenes de Barcelona a Sevilla?_
2. _____
3. _____
4. _____
5. _____

Respuestas a las preguntas:

1. _____
2. _____
3. _____
4. _____
5. _____

Paso 3

● Organizando toda la información que tienen, escriban un diálogo entre el telefonista y el cliente y graben la conversación en un radio-cassette. ¡No se olviden de incluir un saludo y una despedida en la conversación!

NOTA CULTURAL

RENFE es el sistema nacional de trenes de España.

Vocabulario

Palabras relacionadas con la presa:

el rumor

el chisme

el evento

el personaje

el titular

la fotografía

la portada

la carta

El diario

el periódico/ el diario

la revista

el héroe

el amor

la heroína

la celebración

casarse con
los novios

la boda

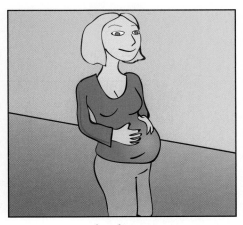

el embarazo

dar a luz

trágico

la tragedia

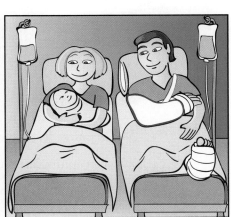

la felicidad

el nacimiento
nacer

Actividad 2-20 ¿Cuál está relacionada?

● Mire las palabras a continuación y subraye (*underline*) la palabra que no está relacionada con las otras. Escriba en español (si puede) por qué no está relacionada. Mire el ejemplo dado en el número uno:

Modelo: la boda   el amor   <u>el divorcio</u>   el matrimonio

Razón: El divorcio no está relacionado con el resto porque es cuando una pareja está separada.

1. el divorcio   la separación   la tragedia   la felicidad
   _____

2. la mañana   la historia   el mediodía   la tarde
   _____

3. la revista   el periódico   el diario   la carta
   _____

4. el rumor   el chisme   la verdad   el cotilleo
   _____

5. el cine   el teatro   la hora   la televisión
   _____

6. la estrella   el actor   la actriz   el escritor
   _____

7. el novio   el embarazo   el bebé   dar a luz
   _____

8. platicar   correr   contar   charlar
   _____

Actividad 2-21 Definiciones

1. Si quiere leer noticias internacionales, lea _____.

2. La ruptura de un matrimonio es _____.

3. El opuesto de cómico es _____.

4. Jennifer Aniston es una _____ de televisión.

5. El opuesto de odio es _____.

6. Un sinónimo de chisme es _____.

7. Arnold Swarzenegger es siempre el _____ de sus películas.

8. Mi _____ favorita es *Todos mis hijos.*

9. Mis abuelos van a celebrar su 50 _____.

10. La _____ de España ahora es el euro.

11. En EE.UU. normalmente se almuerza al _____.

Actividad 2-22 ¿Qué profesión tienen...?

● Escriba la profesión de cada persona famosa de la lista.

Modelo: Gloria Estefan es_____cantante_____.

1. George W. Bush es _____.

2. Antonio Banderas es _____.

3. Donald Trump es _____.

4. Cameron Díaz y Penélope Cruz son _____.

5. Octavio Paz es _____.

6. Pedro Almodóvar y Steven Spielberg son _____.

7. Carlos Santana es _____.

9. Arantxa Sánchez Vicario y Miguel Indurain son _____.

NOTA CULTURAL

Miguel Indurain, nacido en 1964 en Villajava, Navarra, es el único ciclista junto a Lance Armstrong que ha ganado cinco veces consecutivas el Tour de Francia.

---

❷ Actividad 2-23 Son los editores

Paso 1

● Con su compañero/a diseñen (*design*) la portada de una revista del corazón. Incluyan fotos de gente famosa, titulares originales y, por supuesto, mucho cotilleo.

Paso 2

● Presenten su portada a la clase. Cada estudiante debe explicar algún titular de su portada en español.

④ Actividad 2-24 Informes

Paso 1

● Con sus compañeros, escriban una lista de diez personas que quieren invitar a su universidad para charlar con los estudiantes.

_____   _____

_____   _____

_____   _____

_____   _____

_____   _____

Paso 2

● Imaginen que ustedes son miembros de un comité estudiantil. Pueden elegir sólo a dos personas de la lista para que vengan a la universidad. Necesitan presentara a sus candidatos al presidente de la universidad y explicarle claramente por qué son estas personas las mejores. Preparen un informe.

Paso 3

● Presenten los informes a la clase.

② Actividad 2-25 Improvisemos

● Viene a su universidad una persona bien conocida y usted tiene la oportunidad de entrevistarla para el periódico universitario. Con su compañero/a primero decidan quién viene. Después preparen preguntas y respuestas para la entrevista. Finalmente, practiquen la entrevista: un estudiante es el entrevistador y el otro estudiante es la persona famosa.

Venezuela

Nombre oficial:	República Bolivariana de Venezuela
Area:	912.050 km²
Población:	24.100.000
Capital:	Caracas
Otras ciudades importantes:	Maracaibo, Valencia
Recursos naturales:	petróleo, gas natural, diamantes

AUDIO Actividad 2-26 Mi amiga Elena

● La madre de Maite quiere saberlo todo acerca de la nueva amiga de Maite. Maite decide escribir una carta a su madre. Escuche la carta y después responda a las preguntas siguientes.

Decida si las siguientes afirmaciones son verdaderas (V) o falsas (F):

1. Los padres de Elena son de España.   V / F
2. Elena es más mayor que Maite.   V / F
3. Maite cocina unos platos riquísimos para Elena.   V / F
4. A Elena no le gusta ir al gimnasio porque se aburre.   V / F
5. A Elena le encanta leer revistas del corazón.   V / F

Escriba tres adjetivos que definan la personalidad de Elena.

1. _____ 2. _____ 3. _____

Escriba en español tres cosas que tienen en común Elena y Maite.

1. _____

2. _____

3. _____

¿En qué se diferencian Maite y Elena?

_____

¿Tiene algún interés en común con Maite o Elena? ¿Cuál?

_____

Lectura temática

Actividad 2-27 Antes de leer

● Al leer el titular de la lectura temática y mirar la foto, es posible adivinar el tema de esta vista cultural. ¿Qué es un *talk show*? Escriba una lista de los temas típicos que se tratan en este tipo de programas.

1. _____

2. _____

3. _____

4. _____

Actividad 2-28 Cognados

● Escriba definiciones básicas en español para estos cognados.

1. infidelidades_____

2. violencia _____

3. década _____

4. humana _____

5. población _____

6. captar_____

7. televidentes _____

8. inmediato _____

9. ruta _____

debilidades = weaknesses

Talk Shows: Fascinación or rechazo

nfidelidades, odio, violencia, alcoholismo, mentiras y traiciones, entre otras <u>debilidades</u> humanas, han pasado a formar parte de las programaciones de televisión en América Latina en la década de los 90 a través de programas *talk show*. Las intimidades y confesiones de personas captan la atención de millones de televidentes en diversos países de la región y en la población latina de los Estados Unidos.

Un aspecto importante ha sido la incorporación del público en los programas. La vida privada de las personas ha pasado a formar parte de <u>las pantallas</u> de televisión, a través de los programas denominados *talk shows*. En estos programas hay un contacto inmediato entre el presentador y los representantes del público.

<u>A continuación</u> presentamos algunas reflexiones sobre un programa del género *talk show*, bastante conocido entre el público latinoamericano: *El show de Cristina*.

Cristina es la iniciadora de los *talk shows* con <u>tinte</u> latinoamericano. Las historias presentadas en sus programas, los protagonistas, sus problemas y los modos de resolverlos han tenido un ineludible <u>sello</u> latino. En la ruta trazada por Oprah Winfrey y Geraldo, *El show de Cristina* logró captar la atención de cientos de miles de televidentes, miembros de la comunidad hispana en los Estados Unidos.

Hay una mezcla de curiosidad y deseo morboso por enterarse de los problemas ajenos, problemas que muchas veces se parecen a los nuestros. El hambre y la necesidad se juntan, es algo que saben muy bien la cadena Univisión y Cristina. Con estos ingredientes, el éxito de un talk-show, con inconfundible sello latinoamericano, está asegurado.

las pantallas = screens
a continuación = below
tinte = flavor, hint
sello = stamp

Actividad 2-29 Después de leer

● Conteste a estas preguntas sobre la lectura.

1. ¿Cuáles son los temas del *talk show* mencionados en el artículo?

_____
_____
_____

2. ¿Quiénes miran los *talk shows*?

_____
_____
_____

3. ¿Qué novedad incorporaron estos programas?

_____
_____
_____

4. ¿Por qué le gusta al público este tipo de programas?

_____
_____
_____

❷ Actividad 2-30 Los *talk shows*

● Escriban a continuación una lista de todos los *talk shows* que han visto en la televisión alguna vez. ¿De qué temas se hablaron en estos programas?

1. _____

2. _____

3. _____

4. _____

5. _____

6. _____

Gramática

El verbo *estar*

Spanish has a second verb that can be translated as "to be." This is the verb *estar*. As you read the paragraph below you will notice various uses of *estar*. Circle all the uses and then write them below.

Querida Maite:

Ya hemos llegado a Cancún. Te estamos escribiendo la postal desde el hotel.

Papá y yo estamos muy contentos porque el hotel está cerca de la playa, a sólo

cinco minutos andando. Aunque es abril, aquí hace mucho calor. Después de

todas las preparaciones para el viaje, por fin podemos relajarnos y estar tranquilos.

Todos los días vamos a nadar al mar y por la tarde visitamos un poco la zona

comercial y vamos a comer por ahí. ¡La comida es fantástica!

Esta tarde vamos a ir a un mercado de artesanía que está en pleno centro de la

ciudad. Cuídate mucho y ya te mandaremos un e-mail.

Besos,

Mamá y Papá

Can you begin to make some generalizations about the use of *estar* in Maite's postcard?

_____
_____
_____

Actividad 2-31 ¿Cómo es Cancún?

- Después de leer la postal de su mamá, Maite llama a su amigo José porque él ha visitado Cancún varias veces. Utilice el verbo *estar* para recontar las aventuras de sus padres.

_____
_____
_____
_____

yo	estoy	nosotros	estamos
tú	estás	vosotros	estáis
él, ella, Ud.	está	ellos, ellas, Uds.	están

When you read the postcard Maite received and completed the activity above, you should have noticed that with *estar* you can locate something (L), talk about action in progress (presente progresivo, or PP), or talk about the condition of something (C).

Examine the postcard once again and beside each appearance of the verb *estar*, write (L) if it indictes location, (PP) for the presente progresivo, and (C) for a condition. Then look at the examples below and label them as well.

1. _____ Los padres de Maite están de viaje.

2. _____ Están en México.

3. _____ Están de vacaciones.

4. _____ Van a estar muy bronceados (*tanned*) después de una semana bajo el sol.

5. _____ El hotel está cerca de la playa.

6. _____ Están muy relajados.

Actividad 2-32 Su tarjeta postal

- Usando la tarjeta postal de Maite como modelo, escriba su propia postal sobre unas vacaciones a uno/a de sus compañeros(as) de clase. Puede pensar en sus últimas vacaciones, por ejemplo.

Capítulo 2 El chisme

Ser and Estar Contrasted

Location

In the first chapter you learned that *ser* could be used when talking about where an event would occur. In this chapter we have reviewed that *estar* is used to locate items. What is the difference between these two usages? You will use *ser* to tell your listener where an event is going to take place and you will use *estar* to locate people and objects.

La cena es en casa del profesor.   *The dinner is at the professor's house.*

La clase es en el aula 110.   *The class is in room 110.*

El concierto es en el auditorio.   *The concert is in the auditorium.*

La biblioteca está cerca del hospital.
The library is near the hospital.

Mi profesor está en el aula.
My professor is in the classroom.

Las fotos están en el álbum.   *The photos are in the album.*

Adjetivos

Both *ser* and *estar* can be used with adjectives, and indeed even the same adjective, but the message is different. Adjectives by their very nature describe some aspects of a noun. Sometimes we want to talk about the condition of a noun (*estar*) and sometimes we talk about its inherent nature at the time (*ser*).

Mi abuela es muy mayor.   *My grandmother is old.*

Mi abuela está joven.   *My grandmother seems young.*

El limón es amarillo.   *The lemon is yellow.*

Mi madre está sentada en la silla.   *My mother is sitting in a chair.*

Adjectives like those in the list below are often said to change their meaning when used with *ser* or *estar*. It really is not a question of the adjective changing meaning, but rather the focus on the inherent nature of the object described (*ser*) or its current condition (*estar*)

Adjetivo	Ser	Estar
aburrido /a	boring	bored
cansado /a	tiresome	tired
listo /a	smart	ready /prepared
orgulloso /a	prideful	proud
nuevo /a	new	like new
joven	young	youthful

La clase de estadística es aburrida.	*Statistics class is boring.* (Characteristic of the class)
El profesor es aburrido.	*The professor is boring.* (Personality trait)
Los padres están orgullosos de su niña.	*The parents are proud of their daughter.* (Condition of parents)
Felipe es muy orgulloso.	*Felipe is very proud.* (Personality trait)
Estoy lista para salir.	*I am ready to leave.* (Condition)
Juan es muy listo; siempre encuentra el mejor precio.	*Juan is very clever; he always finds a good buy.* (Personality trait)

Both of the following sentences are perfectly acceptable in Spanish, but their meaning is quite different as you will note from the context.

Mi abuelo es joven; tiene cincuenta años.

Mi abuelo está joven; aunque tiene setenta años, corre dos millas cada día.

In the first example, we know that my *abuelo* is relatively young in years and that is a general fact about him. The second example provides factual information in telling you that he is seventy years old, but he gets a lot of exercise. In this instance, when you talk about your seventy-year-old grandfather and say *está joven*, you are not saying that he is young, rather you are saying that he appears young; he is youthful.

This usage of *estar* provides color and commentary to our discourse. This is the use of *estar* to indicate opinion, surprise, or a degree of subjectivity on the part of the speaker. *Ser*, on the other hand, appears to refer to the more objective nature of the nouns that it describes.

Actividad 2-33 ¿Puede explicar?

- Lea las frases a continuación y escriba un contexto más detallado que explique el uso de *ser* o *estar*.

1. María está guapísima esta noche. _____

2. Mis hijos son jóvenes. _____

3. El examen es difícil._____

4. El coche está nuevo. _____

5. La comida mexicana es picante *(spicy)*. _____

6. Tomás está calvo *(bald)*. _____

Actividad 2-34 Saludos desde Puerto Vallarta

- Lea el e-mail (correo electrónico) que Maite ha recibido de sus padres. Parece que ha habido problemas con el mensaje. Ayude a Maite a completarlo, escribiendo *ser* o *estar* según el contexto.

Para:	maite@univ.edu
De:	casa@teleline.es
Asunto:	Saludos desde Puerto Vallarta

Querida Maite:

Por fin tu papá y yo _____ en Puerto Vallarta. Después de conocer Cancún, queríamos visitar otros lugares de México. México _____ un país tan grande y variado. Las playas _____ magníficas y la gente _____ muy amable. En Puerto Vallarta hay muchas cosas que hacer y que ver. Tu padre _____ muy contento y yo también. No lo vas a creer, pero el otro día, tomando el desayuno vimos a una amiga mía de la universidad. Ella también estaba de viaje con su marido. Los dos _____ muy simpáticos, así que ahora vamos juntos a la playa y a bailar a las discotecas. Como puedes ver, lo (nosotros) _____ pasando genial. Bueno, ya _____ la una y media, así que nos vamos a comer.

Cuídate mucho. Besos,

Mamá y Papá.

② Actividad 2-35 ¿Qué pasa?

- Examinen el dibujo y escriban una serie de comentarios usando *ser* o *estar*.

G Actividad 2-36 Veinte preguntas

Paso 1

● Cada persona debe escoger una persona del dibujo. Los otros en el grupo deben hacerle preguntas a su compañero/a para adivinar a quien ha escogido.

> *Modelo: Estudiante 1: ¿Está sentada la persona?*
> *Estudiante 2: No, no está sentada.*
> *Estudiante 3: ¿Es rubia?*
> *Estudiante 2: No, no es rubia.*

Paso 2

● Túrnense para que todos hablen.

Irregular Verbs in the Present Tense

Spanish has some irregular verbs but they tend to be based on patterns, which makes them easier to remember. Look at the list of verbs below and see what patterns you can find. A complete conjugation is on the following page.

poner → pongo	decir → digo
salir → salgo	oír → oigo
producir → produzco	caer → caigo
traer → traigo	ir → voy
hacer → hago	venir → vengo
merecer → merezco	estar → estoy
ser → soy	conocer → conozco
tener → tengo	dar doy

Below are some irregular verbs in Spanish which you probably remember. Look at the list of verbs and see what patterns you can find. A complete conjugation is on the following page.

Pattern 1	Pattern 2	Pattern 3	Pattern 4	Pattern 5
-*oy* verbs				
doy				
soy				
estoy				
voy				

In addition to the -*oy* verbs, you probably easily identified c → zc, and the inserted g (*pongo*) patterns. You may have been less certain about verbs like *tener* or *caer*. Both of these verbs have companions on the list that behave as they do. If you haven't already done so, list them as separate patterns.

salir	salgo	sales	sale	salimos	salís	salen
producir	produzco	produces	produce	producimos	producís	producen
traer	traigo	traes	trae	traemos	traéis	traen
ser	soy	eres	es	somos	sois	son
tener	tengo	tienes	tiene	tenemos	tenéis	tienen
venir	vengo	vienes	viene	venimos	venís	vienen

caer	caigo	caes	cae	caemos	caéis	caen
conocer	conozco	conoces	conoce	conocemos	conocéis	conocen
dar	doy	das	da	damos	dais	dan
decir	digo	dices	dice	decimos	decís	dicen
estar	estoy	estás	está	estamos	estáis	están
hacer	hago	haces	hace	hacemos	hacéis	hacen
ir	voy	vas	va	vamos	vais	van
merecer	merezco	mereces	merece	merecemos	merecéis	merecen
oír	oigo	oyes	oye	oímos	oís	oyen
poner	pongo	pones	pone	ponemos	ponéis	ponen

There are two additional verbs that we should discuss; the first, *saber*, is also one that you will recognize from your past contact with Spanish. It is irregular in the *yo* form of the present tense. The second verb is quite irregular, but a verb that we don't want to exclude since it means to laugh: *reírse*. Also, let's not forget how to smile: *sonreír*

SABER

yo	sé	nosotros	sabemos
tú	sabes	vosotros	sabéis
él, ella, Ud.	sabe	ellos, ellas, Uds.	saben

REIRSE			
yo	me río	nosotros	nos reímos
tú	te ríes	vosotros	os reís
él, ella, Ud.	se ríe	ellos, ellas, Uds.	se ríen

Actividad 2-37 Mi compañero se llama José

- Maite está hablando por teléfono con su amiga Alba de España. Maite le habla de un chico simpático que ha conocido. Ayude a la amiga de Maite a escuchar la descripción completa. Para ello, use los verbos a continuación y conjúguelos apropiadamente.

caerse	saber	hacer	salir	ir
ser	tener	reírse	poder	venir

Mira Alba, mi compañero de clase se llama José y también _____ un juntos estudiante graduado. Trabajamos juntos en la oficina de estudiantes internacionales y a veces (nosotros) _____ proyectos. Lo más gracioso de José es que es una persona muy activa y como siempre va con prisa, _____ al suelo todo el tiempo. Por eso tiene que ir a urgencias una o dos veces al mes. Esta semana nosotros _____ que hacer mucho en la oficina, así que lo _____ a ver frecuentemente. También es muy simpático, yo _____ mucho con los chistes (*jokes*) que cuenta. Los viernes _____ los dos y mi amiga Elena a bailar a las discotecas. Además, José _____ hablar francés y toma clases de español. Me gusta _____ hablar con él y con Elena de sus culturas y compararlas con la de España. Como ves tengo amigos muy interesantes. Oye Alba, ¿cuándo _____ a visitarme?

② Actividad 2-38 Titulares

- Escriban diez titulares que podrían leer en un periódico. Cuando sea posible, usen los verbos que están estudiando.

    Modelo: «Estoy embarazada» dijo Madonna a la prensa.

1. _____

2. _____

3. _____

4. _____

5. _____

6. _____

7. _____

8. _____

9. _____

10. _____

¡A escribir!

¿A quién admiro?

In the last chapter you wrote a brief autobiography (*autobiografía*) of yourself. Now you will write about someone that you admire, someone with whom you are familiar. This may be a friend, family member, or even someone famous. The idea is to provide the reader with a compelling profile of this person and explain why you admire them.

Actividad 2-39 Personas admirables

Paso 1

- Escriba una lista de personas a quienes admira. También escriba una lista de sus cualidades más admirables.

Lista de personas   Cualidades

_____   _____

_____   _____

_____   _____

_____   _____

_____   _____

Paso 2

- ¿Puede añadir (*add*) otra información pertinente sobre estas personas?

_____

_____

_____

Paso 3

- Escoja a una persona para ser el/la protagonista de su ensayo. Tome tres características y explique en dos o tres frases por qué son importantes.

_____

_____

_____

_____

_____

_____

Actividad 2-40 Primer borrador

Paso 1

- You have a good deal of information about the person who will be the subject of your composition. As you begin to organize your composition, you want to think about a way to start your essay that will capture your reader's attention and explain why this person is so worthy of being admired. Spend ten minutes jotting down ideas using as much Spanish as possible.

Paso 2

- You might have a lot of ideas in front of you, and are unsure of where to begin. As suggested earlier, think of a way to begin your first paragraph that will capture your reader's attention. In other words, don't begin with *La persona que admiro es...* or *Admiro a... porque...!* Focus on what is admirable about this person and perhaps begin with that. The rest of your paragraph should focus on demonstrating that admirable quality. As you begin this part of your writing, you will want to consult a Spanish-English Dictionary. Be careful with idiomatic expressions.

Paso 3

Proofread your paragraph using the following checklist.

- ❏ Concordancia entre sujeto y verbo
- ❏ Concordancia entre sustantivos y adjetivos
- ❏ Uso apropiado de *ser* y *estar*
- ❏ Formas apropiadas de verbos irregulares
- ❏ Ortografía

Contextos

② **Actividad 2-41** ¿De quién hablo?

- With a partner, write a description about someone in the class without naming them. (Try to use *ser* and *estar* if possible.) When you're finished, read your description to the class and have them guess who you have been talking about.

② **Actividad 2-42** Improvisemos

Personajes: un/a turista, un/a vendedor/a

Accesorios: una cosa para comprar

- Imagine that you are at *el Rastro*, Madrid's largest flea market. You have found something at a stall that you are interested in buying. This is a perfect time to haggle (*regatear*), to practice your bargaining skills. Your common goal is to get the best price for the item.

With your partner, you might want to think of expressions and terms that would be useful for this role-play and then write them down. Remember that you may not want to simply start with *¿Cuánto cuesta?*, but you might start with a greeting (something you practiced in the last chapter).

G **Actividad 2-43** Informes

Paso 1

- Brainstorm within your group to come up with a problem that would be popular on one of today's talk shows. Feel free to use your imaginations, but do not make the problem so complex that you cannot talk about it in Spanish. Try to work with the vocabulary that you know.

Paso 2

- Decide who in the group will play which role. You will need someone to be the host, someone to describe the problem, and someone who will provide a bit of conflict.

Paso 3

● Write down the expressions and vocabulary that you would want to use. You might want to watch a Spanish talk show to learn some additional expressions.

Paso 4

● Practice your scene in your group as many times as possible so that you are comfortable with what you will be saying.

Paso 5

● Present your scene to the class! They can act as the audience, so that means that they can participate by asking questions and making comments.

Vocabulario

Vocabulario relacionado con el chisme

el rumor	rumor
el chisme/ el cotilleo	gossip
el periódico	newspaper
la revista	magazine
la portada	magazine cover
el titular	headline
la fotografía	photograph
la historia	history/story
el cuento	story
la entrevista	interview
el personaje	character/personage
el/la protagonista	the main character
el héroe	hero
la heroína	heroine
el actor/ la actriz	actor/ actress
el director/la directora	director
el escritor / la escritora	writer
el político/la política	politician/politics/policy
el/la cantante	singer
el millonario/ la millonaria	millionaire
el/la atleta	athlete
la clase alta	high society
la tragedia	tragedy
la comedia	comedy
la felicidad	happiness
el amor	love
el odio	hate
el embarazo	pregnancy
la boda	wedding
la celebración	celebration
los novios	couple
la familia política	extended family
el matrimonio	marriage
el aniversario	anniversary
el divorcio	divorce
la separación	separation
la sociedad	society
las estrellas	stars
el estreno	premier
la película	movie
el cine	movie theatre
el teatro	theatre
la telenovela/el culebrón	soap opera
la prensa rosa	tabloids
el escándalo	scandal
el secreto	secret
la mentira	lie
la verdad	truth

Verbos

cotillear	to gossip
contar	to tell
charlar	to chat
platicar	to chat/talk
premiar	to award
entregar	to turn in, submit
engañar	to trick
dar a luz	to give birth
protagonizar	to play the main role
romper con	to break up with
envolverse	to involve oneself
separarse	to separate
divorciarse	to divorce
casarse	to get married
oír	to hear

Adjetivos

chismoso/cotilla	gossipy
trágico/a	tragic

cómico/a	comic	el porvenir	future
gracioso/a	funny	el futuro	future
social	social	el minuto	minute
conocido/a	known	el segundo	second
famoso/a	famous	el reloj	clock
envuelto/a en	involved with	las manos de reloj	hands of the clock
exclusivo/a	exclusive	el mediodía	noon
casado/a	married	la medianoche	midnight
divorciado/a	divorced	*Verbos*	
separado/a	separated	predecir	to predict
falso/a	false	volar	to fly
verdadero/a	truthful/true	contar	to recount/to count
		restar	to subtract

Reacciones útiles

¡No me diga!	No way	sumar	to add
¡Cuénteme! ¡Dime!	tell me!	decir la hora	to tell time
¡Mentira!	That's not true!	*Adverbios*	
¡Qué horror!	How awful!	en punto	on the dot
¡Qué cómico/chistoso/trágico!	How funny/tragic	inmediatamente	inmediately

Vocabulario relacionado con los numeros y la hora

		más tarde	later
		pasado mañana	the day after tomorrow
el billete	paper money; ticket	ayer	yesterday
el cambio de moneda	currency exchange	*Adjetivos*	
la contabilidad	accounting	previsto/a	foreseen
la divisa	currency	pasado/a	past
la moneda	currency; coin	presente	present
la hora	time		

Capítulo 3

Linguistic Functions

- Asking questions

Structural Focus

- Interrogative pronouns and stem-changing verbs

Review

- Numbers 100 to 2 million and unequal comparisons

La entrevista

Ⓖ Actividad 3-1 ¿Quiénes son?

● ¿Reconocen a la gente en las fotos? ¿Quiénes son? ¿Por qué son famosos?

1. Es _____

Es famoso/a porque _____

2. Es _____

Es famoso/a porque _____

3. Es _____

Es famoso/a porque _____

4. Es _____

Es famoso/a porque _____

5. Es _____

Es famoso/a porque _____

6. Es _____

Es famoso/a porque _____

Ⓖ **Actividad 3-2** ¿Qué es una entrevista?

1. ¿Qué es una entrevista? ¿Pueden definir la palabra en español?

_____

_____

_____

2. Escriban el propósito (*purpose*) de una entrevista.

_____

_____

_____

3. ¿Han participado en una entrevista? ¿De qué manera?

_____

_____

_____

4. ¿Hay diferentes tipos de entrevistas? ¿Cuáles son?

_____

_____

_____

Actividad 3-3 ¿A quién invitamos?

Imaginen que trabajan para un programa de televisión que se llama «Hoy».
Parte de su responsabilidad es invitar a personas famosas para entrevistarlas.
Necesitan hacer una lista de posibles invitados para el programa de la semana
que viene.

Paso 1

● Cada uno debe escribir una lista de cinco personas que quiere invitar al
programa.

_____

_____

_____

_____

_____

Paso 2

- Comparen sus listas en el grupo y escojan (*choose*) a un/a invitado/a.

Escriban el nombre del invitado/o invitada: _____

Paso 3

- Preparen cinco preguntas para la entrevista.

1. _____

2. _____

3. _____

4. _____

5. _____

Ⓖ Actividad 3-4 Improvisemos

Personajes: Entrevistador/a y un / a invitado/a

Situación: Pensando en la actividad 3-3 decidan en su grupo quién va a hacer el papel de la persona famosa que escogieron y quién va a hacer el papel del/ de la entrevistador/a.

- Practiquen la entrevista varias veces. El resto del grupo puede ayudar a prepararla.

AUDIO Actividad 3-5 Una entrevista a Shakira

- Maite está emocionada escuchando una cadena de radio española desde su portátil (*laptop*). En el programa de radio de hoy hay una artista invitada: ¡la cantante Shakira! Escuche la entrevista que le hacen a la cantante colombiana y después responda a las siguientes preguntas.

1. ¿Cómo se llama el programa de radio? ¿En qué cadena se transmite?

2. ¿Cómo se llama el disco de Shakira en español?

_____

3. ¿En que tres mercados ha tenido éxito (_success_) el disco de Shakira?

_____   _____

4. En la entrevista se repite varias veces la palabra «gira» («gira mundial»).

¿Cómo se dice en inglés «gira»? _____

5. ¿Dónde va a dar conciertos Shakira?

_____

6. Dentro de su gira mundial, ¿cuándo va a ir Shakira a España?

_____

7. Escriba a continuación al menos (_at least_) cuatro cognados de la entrevista.

_____ _____ _____ _____

Sí, recuerdo

Los números del 100 en adelante

In the last chapter we reviewed the numbers from 1 through 100. You are, of course, ready to begin working with the higher numbers. Look briefly at the reading below where there are a number of dates and figures mentioned.

Hoy es la fiesta Cinco de mayo que se celebrará por el país en varias ciudades. El origen de la celebración es la batalla de Puebla en 1862, cuando las tropas mexicanas derrotaron a las fuerzas invasoras francesas de Napoleón III, a pesar de que contaban sólo con un tercio de la cantidad de hombres que tenía el escuadrón francés. La victoria militar hoy se celebra con eventos coloridos y culturales, tanto en México como entre los 21 millones de personas de descendencia mexicana en los Estados Unidos. Es uno de los festivales más grandes en Los Angeles, donde se anticipa que medio millón de los 4 millones de personas que viven en esta ciudad se unirán a la celebración. En Oregón, el festival tiene lugar en la costa de Portland y dura cuatro días. 300 mil personas participan a diario.

After reading the passage you probably remember how to say a thousand and a million. Write these two words in Spanish in the spaces provided.

_____   _____

How do you think one would write a billion? _____

How about a trillion? _____

As you read, notice that when you want to say, "21 million people" that you will say _21 millones de personas_. Following that pattern, write how one would say "forty million dollars" and "3 million Mexicans."

_____

_____

a. 573.000	d. 20,6 millones
b. 35,3 millones	e. 472.000
c. $30.735	f. 2,2 millones
(_Source:_ U.S. Census, 2000)	

Censo 2000
Puerto Rico

Informe Individual del Censo

Departamento de Comercio de los EE.UU.
Negociado del Censo

Comience Aquí Por favor, utilice un bolígrafo de tinta negra o azul.

→ **NOTA: Por favor, conteste las DOS Preguntas 5 y 6.**

1 Por favor, escriba su nombre en letra de molde –

Apellido

☐☐☐☐☐☐☐☐☐☐☐☐☐☐☐☐

Nombre   Inicial

☐☐☐☐☐☐☐☐☐☐☐☐☐☐ ☐

2 **a. ¿Vive o se queda usted aquí la MAYOR PARTE DEL TIEMPO?**

☐ Sí → *Pase a la pregunta 2d*

☐ No

b. ¿Tiene usted un lugar donde vive o se queda la MAYOR PARTE DEL TIEMPO?

☐ Sí

☐ No → *Pase a la Pregunta 2d*

C. ¿Cuál es su número de teléfono? *Puede que lo llamemos si no entendemos una respuesta.*

Código de Área = Número

☐☐☐ — ☐☐☐ — ☐☐☐☐

d. CONTESTE SÓLO SI ESTE LUGAR ES UN ALBERGUE – Incluyendo hoy por la noche, ¿cuántas noches durante las últimas siete noches se quedó usted en un ALBERGUE?

☐ 7 noches

☐ 6 noches

☐ 5 noches

☐ 4 noches

☐ 3 noches

☐ 2 noches

☐ 1 noches

3 **¿Cuál es su sexo?** *Marque* ☒ *UN cuadrado.*

☐ Masculino   ☐ Femenino

4 **¿Cuál es su edad y cuál es su fecha de nacimiento?**

Edad el 1 de abril del 2000 | *Escriba los números en los cuadrados.*
Mes | Día | Año de nacimiento

☐☐☐   ☐☐ ☐☐ ☐☐☐☐

Núm. de OMB 0607-0858: Aprobado Hasta 12/31/2000
FORMA D-20A PR(S)

5 **¿Es usted de origen español/hispano/latino?**
Marque ☒ *el cuadrado "No" sí no es de origen español/ hispano/latino.*

☐ **No**, ni español/hispano/latino

☐ Sí, mexicano, mexicano-americano, chicano

☐ Sí, puertorriqueño

☐ Sí, cubano

☐ Sí, otro grupo español/hispano/latino – *Escriba el grupo en letra de molde.* ↙

☐☐☐☐☐☐☐☐☐☐☐☐☐☐☐☐☐

☐☐☐☐☐☐☐☐☐☐☐☐☐☐☐☐☐

6 **¿Cuál es su raza? Marque** ☒ **una o más razas** *para indicar de qué raza usted se considera.*

☐ Blanca

☐ Negra, africana americana

☐ India americana o nativa de Alaska – *Escriba en letra de molde el nombre de la tribu en la cual está inscrita o la tribu principal.* ↙

☐☐☐☐☐☐☐☐☐☐☐☐☐☐☐☐☐

☐☐☐☐☐☐☐☐☐☐☐☐☐☐☐☐☐

☐ India asiática   ☐ Nativa de Hawaii

☐ China   ☐ Guameña o Chamorro

☐ Filipina   ☐ Samoana

☐ Japonesa   ☐ Otra de las islas del Pacífico – *Escriba la raza en letra de molde.*

☐ Coreana

☐ Vietnamita

☐ Otra asiática – *Escriba la raza en letra de molde.* ↗

☐☐☐☐☐☐☐☐☐☐☐☐☐☐☐☐☐

☐☐☐☐☐☐☐☐☐☐☐☐☐☐☐☐☐

☐ Alguna otra raza – *Escriba la raza en letra de molde.* ↗

☐☐☐☐☐☐☐☐☐☐☐☐☐☐☐☐☐

☐☐☐☐☐☐☐☐☐☐☐☐☐☐☐☐☐

7 **Si usted vive o se queda aquí LA MAYOR PARTE DEL TIEMPO** → *Pase a la pregunta 10 al dorso.*

8 **¿Cuál es la dirección del lugar donde usted vive o se queda la MAYOR PARTE DEL TIEMPO?**

Número de casa

Nombre de urbanización o condominio; Nombre de calle o carretera/Ruta y buzón rural/Apartado postal

Nombre de apartamento

Ciudad

Nombre del municipio o condado de los EE.UU.

Anote Puerto Rico o el nombre del estado de los EE.UU. o país extranjero

Código postal (Zip Code)

9 **Si la dirección en la pregunta 8 es una ruta/buzón rural o un apartado postal, y el lugar donde usted vive o se queda la MAYOR PARTE TIEMPO tiene un número de casa/dirección de calle, escríbalo a continuación en letra de molde.**

Número de casa

Nombre de urbanización o condominio; Nombre de calle o carretera/Ruta y buzón rural/Apartado postal

Número de apartamento

Ciudad

Nombre del municipio o condado de los EE.UU.

Anote Puerto Rico o el nombre del estado de los EE.UU. o país extranjero

Código postal (Zip Code)

¡Sus respuestas son importantes! Cada persona cuenta en el censo.

10 Por favor, coteje este cuestionario para asegurarse de que ha contestado en su totalidad todas las preguntas requeridas.

Para devolver su cuestionario, por favor, siga las instrucciones en el sobre donde vino el cuestionario.

Gracias por completar este cuestionario oficial del Censo 2000 de Puerto Rico.

El Negociado del Censo estima que, como promedio, a cada respondedor le tomará 5 minutos completar este cuestionario, incluyendo el tiempo para repasar las instrucciones y respuestas. Los comentarios sobre el estimado deben dirigirse a: Associate Director for Finance and Administration, Attn: Paperwork Reduction Project 0607-0858, Room 3104, Federal Building 3, Bureau of the Census, Washington, DC 20233.

No se requiere que las personas respondan a ninguna recopilación de información a menos que ésta tenga un número de aprobación válido de la Oficina de Administración y Presupuesto (OMB).

PARA USO DEL CENSO SOLAMENTE

A. GQ ID

B. PN   **C.** JIC1   **D.** JIC2   **E.** JIC3   **F.** JIC4

Actividad 3-6 El censo

- Utilizando la información de la tabla en la página 85, decida qué cifra (*figure*) completa mejor cada frase.

1. El censo del 2000 contó _____ de latinos en los Estados Unidos.

2. Hay _____ de personas de origen mexicano.

3. La población hispana en la ciudad de Nueva York es

_____.

4. La cantidad de negocios en 1997 con dueños de ascendencia mexicana es

_____.

5. El ingreso promedio de las familias hispanas en 1999 fue de

_____.

6. Hay _____ hispanos con un título de educación superior en EE.UU.

Of course, we don't want to forget about the numbers 100–999 either. If you are having a hard time remembering them, read along below.

Lisa, una amiga de Maite y Elena, se casa el verano que viene con un chico de Costa Rica, Jaime. ¡Tienen que organizarlo todo ya! Mire los cheques que ha escrito.

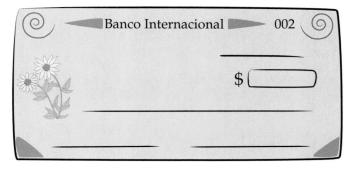

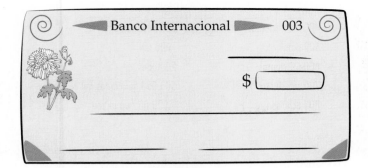

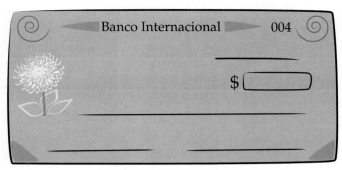

Vestido de novia: quinientos cincuenta dólares

flores: trescientos quince dólares

pastel de boda: doscientos veinte dólares

anillos: seiscientos setenta y cinco dólares

música: mil ochocientos dólares

recepción: sesenta y dos dólares por persona

Fill in the corresponding numbers on the checks above.

As you can see in the checks above, the pattern for the numbers 200–900 is formed by adding the numbers *dos*, *tres*, etc. to the word *cientos*. There are however, three exceptions to this rule, one of which you can find in Lisa's list above. Write the exceptions down below. If you cannot recall the others, consult the chart on the following page.

_____   _____

_____   _____

¡OJO!

Also note that while in English we say, "Seven hundred **and** nineteen dollars," in Spanish **y** is *not inserted* between the hundred and tens: setecientos diecinueve.

100 cien	400 cuatrocientos	900 novecientos
101 ciento uno	500 quinientos	1000 mil
200 doscientos	600 seiscientos	2000 dos mil
279 doscientos setenta y nueve	700 setecientos	500.000 quinientos mil
300 trescientos	800 ochocientos	1.000.000 un millón

Ⓖ Actividad 3-7 El presupuesto

Paso 1

- Lisa y Jaime tienen $12.000 para su boda. Miren el diagrama a continuación que ofrece consejo sobre cuánto se debe gastar en una boda. Si quieren mantener su presupuesto (*budget*), determinen cuánto deben gastar en las categorías mencionadas.

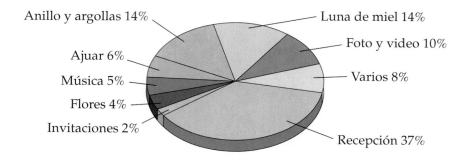

1. Recepción   _____
2. Fotos   _____
3. Música   _____
4. Invitaciones   _____
5. Anillos   _____
6. Luna de miel   _____
7. Flores   _____
8. Varios   _____
9. Ajuar   _____

Paso 2

- Hay una categoría que dice «varios». ¿Qué otros gastos pueden tener?

_____ _____ _____

G Actividad 3-8 ¿Cuánto les queda?

Paso 1

- Lisa y Jaime ya han gastado demasiado dinero. Considerando su presupuesto, ¿cuánto dinero les queda para las cosas que todavía necesitan organizar?

1. Las invitaciones _____

2. Fotografía _____

3. Transporte _____

4. Luna de miel _____

Paso 2

- Si Lisa y su novio quieren invitar a 150 personas a la boda y 80% de ellas vienen, ¿cuánto dinero va a costar la recepción? ¿Van a tener suficiente dinero en su presupuesto?

Paso 3

- Lisa y Jaime necesitan disminuir los gastos un poco. ¿Cómo pueden gastar menos dinero? Escriban una lista de sugerencias (*suggestions*).

_____

_____

G Actividad 3-9 La luna de miel

Lisa y Jaime también tienen que planear su luna de miel. Necesitan pensar adónde quieren ir y cuánto presupuesto tienen. No pueden gastar más de dos mil dólares en la luna de miel.

- Usando Internet para obtener datos reales, planeen la luna de miel de Lisa y Jaime. ¿Adónde pueden ir? ¿Cómo van a llegar allí? ¿Dónde se van a hospedar? ¿Qué van a hacer durante el viaje? No olviden incluir los precios del transporte y del hotel o apartamento para dos personas.

Destino: _____

Transporte: _____ Precio: _____

Horario de salida y llegada: _____

Hospedaje (*lodging*): _____ Precio: _____

Actividades o excursiones: _____

_____

_____

Actividad 3-10 Improvisemos

- Lisa y Jaime tienen varios folletos sobre destinos distintos para su luna de miel. ¿Cuáles son las ventajas (*advantages*) o desventajas de hacer un crucero, esquiar en las montañas, visitar París o tomar sol en una isla tropical? Inventen un diálogo entre la pareja.

G Actividad 3-11 Improvisemos de nuevo

- Imaginen que son una pareja recién comprometida (*engaged*). La novia quiere una boda fantástica mientras que el novio prefiere una gran luna de miel. Los amigos de la pareja están presentes para ayudar en la decisión.

Paso 1

- Decidan quiénes son el novio, la novia y los amigos. Después sepárense en dos grupos. Un grupo debe hacer una lista de razones por las que es mejor celebrar una gran boda. El otro grupo tiene que defender que es mejor gastarse el dinero en la luna de miel.

Paso 2

● Presenten su conversación delante de otro grupo.

Paso 3

● Cambien de grupo e improvisen la conversación una vez más. La novia y un/a amigo/a deben improvisar con otro novio y otro/a amigo/a.

Comparaciones

When using comparisons, sometimes you just want to say that someone is older or younger or smarter; sometimes you will want to say that something is larger or faster than something else. Look at Maite and Elena's brief dialog below and underline any comparative expressions.

Maite:	Mira, Elena. Las fresas están de oferta. Cuestan menos que las manzanas esta semana.
Elena:	Sí, pero el precio de los tomates está por las nubes. Están más caros que las manzanas.
Maite:	Tienes razón, pero necesitamos tomates de ensalada. Y también espárragos y naranjas. Mira, vamos a comprar un kilo de naranjas y medio kilo de espárragos.
Elena:	Vale. Entonces compramos dos cajas de fresas y cinco manzanas. Me gustan las manzanas más que las naranjas; están más ricas.

How would you say that you have more apples than oranges?

Tengo_____

How would you say that you have less asparagus than strawberries?

Tengo_____

How would you say that the asparagus is more expensive than the strawberries?

_____

How would you say that oranges are sweeter?

_____

You should see the pattern **más que** and **menos que** appearing in your sentences when you are comparing more than one object. If you are describing a characteristic of an item with an adjective, then you would use the pattern presented below.

$$más + \begin{bmatrix} \textbf{adjective} \\ \\ \textbf{noun} \end{bmatrix} + que$$

or

$$menos + \begin{bmatrix} \textbf{adjective} \\ \\ \textbf{noun} \end{bmatrix} + que$$

If you are not mentioning the other item being compared, then you will just need to use

$$más + adjective$$

$$menos + adjective$$

If a verb is part of the comparison, you might only use *más que* or *menos que*. However, with a verb you might also want to use an adverb.

Las frutas son *más dulces que* las legumbres.

Las naranjas son *más grandes que las* fresas.

Las manzanas cuestan *menos que* las naranjas.

Las frutas son *más sabrosas*.

Me gusta comer *más que* cocinar.

Elena come *más despacio que* Maite.

¡OJO!

There are some irregular forms that you should learn.

better → mejor

worse → peor

younger → menor

older → mayor

Actividad 3-12 Comparaciones

- Use el adjetivo entre paréntesis y escriba una comparación entre los dos objetos.

1. La manzana es _____ la fresa (grande).

2. Los espárragos son _____ las naranjas (dulce).

3. Los plátanos son _____ los espárragos (largo).

4. Las fresas son _____ los espárragos (caro).

5. La lechuga es _____ la naranja (sabroso).

Ⓖ Actividad 3-13 ¿Más que o menos que?

● Miren los dibujos y escriban todas las comparaciones posibles.

_____

_____

_____

_____

_____

_____

_____

_____

Ⓖ Actividad 3-14 La encuesta

Imaginen que trabajan para una compañía de mercadería y quieren saber más sobre los gustos de los estudiantes universitarios.

Paso 1

● A continuación hay una serie de preguntas para sus compañeros. Hagan las preguntas a todos sus compañeros de clase y no olviden contar las respuestas.

¿Cuál de estas bebidas prefieres?

Bebida	Prefiero	Número total
Coca-Cola®		
Pepsi®		
otras		

¿Cuál es tu fruta favorita?

Fruta	Prefiero	Número total
manzana		
plátano		
naranja		
pera		
otras		

¿Qué flores te gustan más?

Flor	Prefiero	Número total
rosa		
margarita		
tulipán		
orquídea		
clavel		
otras		

¿Cuál es tu comida preferida?

Comida	Prefiero	Número total
Pizza		
Hamburguesa		
Tacos		
otras		

Paso 2

- Calculen los resultados y escriban una serie de comparaciones. Si quieren, pueden calcular los porcentajes también.

> *Modelo:* «*Nos gusta la Pepsi® más que la Coca-Cola®*»
> «*El 25% de la clase prefiere beber Pepsi®.*»

Paso 3

- Compartan los resultados de su encuesta con la clase.

G **Actividad 3-15** ¿Cómo son?

● En su grupo, escojan a dos compañeros de clase para hacer más comparaciones. Primero, necesitan examinarlos detenidamente. Después, escriban varias comparaciones entre las dos personas. No tiene que ser solamente una comparación física sino que pueden utilizar otra información que sepan sobre ellos

> *Modelo: Melissa tiene más hermanos que Tom.*

Un concepto fundamental

Los niños necesitan juguetes para ayudarles a hacer comparaciones. Si les damos bloques para *jugar*, debemos darles LEGO y bloques de *madera* grandes y pequeños para que puedan comparar y descubrir por sí mismos qué es lo que hace que un bloque sea un bloque. Las comparaciones importantes son las de materiales (*cucharas* de madera vs. de metal), de *tamaños* (cucharas grandes vs. pequeñas), de formas (una cuchara simple vs. una con un mango en forma de Bugs Bunny), de cantidad (una cuchara vs. muchas cucharas), o las comparaciones entre los objetos mismos (cucharas vs. tenedores).

jugar	= to play
madera	= wood
cuchara	= spoon
tamaños	= size

Actividad 3-16 Después de leer

● Conteste a las siguientes preguntas acerca del texto anterior.

1. ¿Cuál es el concepto fundamental del que hablan los autores?

_____

_____

2. ¿Cómo se puede ayudar a un niño a aprender este concepto?

_____

_____

3. ¿Podemos comparar dos objetos cualesquiera? Dé otros ejemplos.

_____

_____

Actividad 3-17 Dos profesores diferentes

● Escriba una comparación entre dos de sus profesores. Busque vocabulario adicional para hacer la descripción.

_____

_____

_____

_____

Ⓖ Actividad 3-18 Lisa y Jaime son diferentes.

● Como saben, Lisa y Jaime van a casarse. Ellos se quieren mucho aunque son diferentes. Lean las descripciones de Lisa y Jaime y escriban cuatro comparaciones según esa información. Use «mayor que», «menor que», «más que», «menos que», cuando sea necesario.

Lisa
Tiene 26 años.
Es alta y fuerte.
Es activa y muy trabajadora.
Le encanta leer.

Jaime
Tiene 27 años.
Es alto y delgado
Es amable y un poco perezoso.
Le gusta salir con amigos.

Modelo: Jaime es mayor que Lisa.

1. _____

2. _____

3. _____

4. _____

Actividad 3-19 Mi amigo/a y yo

● Escriba cuatro comparaciones entre su mejor amigo/a y usted utilizando los adjetivos de la siguiente tabla.

trabajador/a	serio/a	tímido/a
talentoso/a	divertido/a	conservador/a
impaciente	paciente	atlético/a

Modelo: Soy más alta que mi mejor amiga.

1. _____

2. _____

3. _____

4. _____

Vocabulario

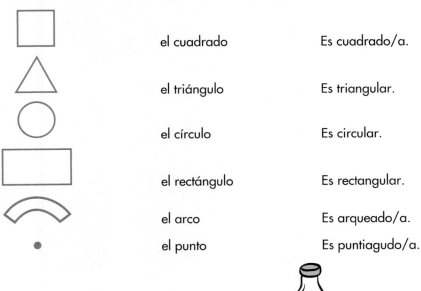

el cuadrado   Es cuadrado/a.

el triángulo   Es triangular.

el círculo   Es circular.

el rectángulo   Es rectangular.

el arco   Es arqueado/a.

el punto   Es puntiagudo/a.

La mesa es de madera.

La llave es de metal.

El estuche del CD es de plástico.

La botella es de vidrio.

La bolsa es de cuero.

Los naipes son de cartón.

un mapa plano

un cactus espinoso

un cuchillo afilado

un cubito de hielo
duro

una estrella brillante

una botella

una docena de huevos

una lata

G **Actividad 3-20** **¡Adivinen qué hay en la bolsa!**

El objetivo es adivinar los objetos que su instructor tiene en una bolsa. Elijan a un representante en su equipo para comenzar a describir el objeto. *(You should have a different representative for each round, so you can all participate!)* Cada representante debe describir el objeto a su propio equipo en español. Sus compañeros de equipo pueden hacer preguntas en español también. Tienen sólo un minuto para adivinarlo, así que ¡sean rápidos! Cada objeto acertado es un punto.

Actividad 3-21 ¿Hoy usted es el profesor?

Paso 1

● Su instructor le va a dar una palabra de la lista de vocabulario para aprender y enseñar (*teach*) a sus compañeros. La idea es mostrarles el significado de la palabra sin utilizar inglés. Venga a clase con fotos, definiciones o ejemplos de la palabra para que pueda enseñársela fácilmente.

Paso 2

● Tienen un minuto para aprender las palabras nuevas que su compañero va a mostrarles.

Paso 3

● Continúen con la actividad, hasta hablar con todos sus compañeros de clase.

Ⓖ Actividad 3-22 ¿Tiene una actitud ecológica?

Paso 1

● Hay que reciclar productos de papel, plástico, vidrio, etc. para mantener el planeta limpio.
● Con sus compañeros piensen en tres usos distintos para los siguientes objetos. Escriban los usos en los espacios en blanco. ¡No olviden ser creativos!

_____
_____
_____

_____
_____
_____

_____
_____
_____

Paso 2

- Escojan uno de los usos y desarrollen (*develop*) la idea. Si necesitan añadir (*add*) algo al objeto o si quieren dibujar el producto final, háganlo por favor.

Paso 3

- Presenten su producto final a la clase y decidan cuál es la mejor idea.

AUDIO Actividad 3-23 Oficina de objetos perdidos

- Maite está con Elena en la oficina de objetos perdidos del campus universitario. Elena ha perdido su bolso (*purse*) y debe hacer una descripción detallada para que el empleado rellene (*fill out*) el formulario siguiente (*form*). Escuche el diálogo entre la empleada, Elena y Maite. Preste atención a la descripción de los objetos del bolso y ayude a la empleada a completar el formulario.

Oficina de objetos perdidos

Objeto perdido:
Descripción del objeto perdido:

-forma: _____ -material: _____ -color: _____

Lugar donde fue pérdido: _____
Fecha de la pérdida: _____

_____

Contenidos del objeto (en caso de bolsos, abrigos, etc.):
-Objeto no. 1: _____

-forma: _____ -material: _____ -color: _____

-Objeto no. 2: _____

-forma: _____ -material: _____ -color: _____

-Objeto no. 3: _____

-forma: _____ -material: _____ -color: _____

Teléfono de contacto: _____

Lectura temática

G Actividad 3-24 Antes de leer

• Escriban una lista de cantantes latinos que son populares hoy en día.

1. _____

2. _____

3. _____

4. _____

5. _____

6. _____

¿Les gustan estos cantantes? ¿Cuáles son sus favoritos? ¿Por qué?

_____

_____

_____

¿Qué preguntas les harían (*would you ask*) a estos cantantes?

_____

_____

_____

G Actividad 3-25 Una cantante colombiana

1. ¿Reconocen a esta cantante colombiana? ¿Quién es?

_____

_____

_____

2. ¿Qué saben de ella?

_____

_____

_____

3. ¿Cómo es su música?

_____

_____

_____

Actividad 3-26 Cognados

● Las palabras de la lista son cognados. ¿Puede escribir una definición en español de cada palabra?

1. conquistar _____

2. el mercado _____

3. optimista _____

4. debutar _____

5. promoción _____

6. pilares _____

7. vacío _____

8. resto _____

9. celebrar _____

como si fuese = as if it were
remolachas = beets
emocionada = excited
risas = laughter
así que = so
jamás = never
estar viajando = to be traveling
desempeña = play
pesado = heavy, difficult
agotamiento = exhaustion
si no estuviesen conmigo = if they weren't with me
actuaciones = performances
medirme = getting fitted for clothing
odio = I hate

Para Shakira fue como si fuese su primera vez

En esta reciente entrevista, Shakira nos habló sobre esta nueva etapa de su carrera, de la emoción de haberse visto en MTV Estados Unidos que le hizo sentir como si fuese su primera vez y de esas _remolachas_ que no le gustan, entre otras cosas.

MTV: ¿Cómo te sientes con el recibimiento que estás teniendo en el mercado norteamericano?

Shakira: Bastante sorprendida, bastante _emocionada_ y también con mucha curiosidad por saber qué va a pasar con mi vida (_risas_)... Con mi vida artística. Pero hasta ahora la respuesta ha sido fantástica, _así que_ sigo bastante optimista.

MTV: ¿Qué te parece ver en TRL de MTV Estados Unidos a todos los chicos estadounidenses cantando tus canciones?

Shakira: Bueno, jamás me imaginé que iba a debutar en TRL en el número 8, _jamás_ me vi a mí misma saltando de arriba para abajo, gritando y celebrando tanto por verme en televisión, pero me pasó ese día cuando me di cuenta que estaba en el número 8 en TRL, casi no lo podía creer.

MTV: Con todo esto de la promoción, la grabación y el _estar viajando_, ¿qué papel _desempeña_ tu familia?

Shakira: Mi familia son mis pilares, mi soporte, mis mejores amigos y para mí es muy importante viajar con ellos a todos lados, y saber que después de un día _pesado_, de mucho trabajo, de entrevistas, de _agotamiento_, puedo llegar al cuarto de mi hotel y no encontrar un cuarto frío y vacío, sino poder darles un beso y saber que están ahí, y luego irme a dormir tranquila. Creo que todo sería muy distinto _si no estuviesen conmigo_.

MTV: Cuéntanos cuáles son tus planes para el _resto_ del año.

Shakira: Tengo planeado hacer unas cuantas *actuaciones* más en la televisión norteamericana.

MTV: ¿Cómo estás lidiando con el nuevo éxito en el mercado anglo y con lo que puedan pensar tus *fans* latinoamericanos? ¿Crees que tal vez digan que te has olvidado de ellos?

Shakira: No, eso no me preocupa en lo más mínimo porque yo estoy absolutamente segura de que mi gente me acompaña en este proceso y celebra conmigo todas estas buenas noticias, porque son buenas noticias que le traigo a mi país, a mi comunidad latina...

MTV: ¿Qué dos cosas odias hacer?

Shakira: *Medirme* ropa... Lo *odio* (risas) y comer remolachas, que no me pongan remolachas en la ensalada.

Actividad 3-27 Después de leer

● Conteste a las siguientes preguntas sobre la lectura.

1. ¿De dónde es Shakira? _____

_____

2. ¿Por qué está sorprendida Shakira de su éxito en Estados Unidos? _____

_____

3. ¿Cómo fue su reacción al verse en MTV Estados Unidos? _____

_____

4. ¿Cómo sabemos que Shakira tiene una buena relación con su familia? _____

_____

5. ¿Va a olvidarse de sus *fans* latinoamericanos? _____

_____

Ⓖ Actividad 3-28 Improvisemos

Situación: Es la noche de los Grammy latinos y ustedes representan el papel de varios artistas latinos.

Personajes: Entrevistador/a, unos/as músicos/as

● Imagínense una conversación entre los personajes.

NOTA CULTURAL

Colombia

Nombre oficial:	República de Colombia
Capital:	Bogotá
Area:	1.138.910 km^2
Población:	36.813.161
Gobierno:	República
Día de independencia:	el 20 de julio
Ciudades importantes:	Medellín, Santiago de Cali
Recursos naturales:	petróleo, gas natural, carbón
Industrias importantes:	textiles, industrias agroalimentarias, petróleo

G Actividad 3-29 Un debate

Paso 1

- Con dos compañeros hagan una lista de razones sobre la importancia de la
  música en nuestras vidas. Escriban sobre los beneficios de la música rock y de
  la música clásica, por ejemplo. También analicen si a sus padres les gusta o no
  la música de hoy.

Paso 2

- Compartan sus ideas con otros miembros de la clase.

Gramática

Los pronombres interrogativos

● Asking questions is a great way of getting information and learning more about people and places. Read the next installment of *¡Ay mi corazón!* and circle all of the interrogative pronouns.

Palabra interrogativa	Significado
¿Qué?	*What?*
¿Cuándo?	*When?*
¿Por qué?	*Why?*

Below are some additional interrogatives that you will find helpful.

Palabra interrogativa	Significado
¿Dónde?	*Where*
¿Adónde?	*To where*
¿Cómo?	*How?*
¿Quién(es)?	*Who/whom?*
¿Cuánto/a/os/as?	*How much?*

¡OJO!

If you'll look closely again at the conversation, you will note that all of the interrogative pronouns carry an accent. This is important since these words have other functions in Spanish.

¿Cuándo puedo verte?   *When can I see you?*

¿Quién es esa chica?   *Who is that girl?*

¿Con quién cenas?   *With whom are you dining?*

¡OJO!

Prepositions will precede the interrogative pronouns. They cannot be left at the end of the sentence. ¿A quién llamas? ¿Con qué escribes? etc.

Ⓖ Actividad 3-30 La conversación

● Imagínense que son Rafael y Angela y que han decidido reunirse. ¿Cómo es su conversación? ¿Qué preguntas tiene Angela? ¡Sean creativos!

> ### QUE AND CUAL WITH SER
>
> *Qué* and *cuál* can both mean *what* when used with the verb *ser*; however, they are used in different types of contexts. *Cuál* most often implies that there is a choice to be made among things or many possibilities to choose from. *Qué* with *ser* almost always implies that you are asking for someone to define something.

¡¿Qué es eso?!

¿Cuál es su gato?

At times, you may want to ask the question "which" and follow it with a noun, e.g., *which car* do you like? While your intuition may be telling you to use *cuál* in this situation, *qué* is the form that is generally found in these types of questions, although usage may vary depending upon country and dialect.

¿Qué coche le gusta?   *Which/what car do you like?*

¿Qué chica es tu hermana?   *Which/what girl is your sister?*

Actividad 3-31 Qué vs. Cuál

● Lea las siguientes situaciones y escriba una pregunta apropiada para cada situación usando *qué* o *cuál*.

> Modelo: *Tu hermana pequeña quiere aprender sobre los animales.*
>
> ¿Qué es un tigre?

1. No sabe qué clase tomar el semestre que viene.

_____

2. Su hermano no puede decidirse entre dos CDs.

_____

3. Su amigo no entiende la palabra ‹murciélago›.

_____

4. Su abuela no tiene su número de teléfono.

_____

5. Sus amigos quieren ver una película esta noche.

_____

6. Su madre le pide ayuda para escoger un regalo para su padre.

_____

7. Su novia no puede decidir entre dos vestidos para una fiesta.

_____

G Actividad 3-32 ¿Qué hacemos?

● Imaginen que quieren hacer planes con un/a amigo/a para el fin de semana. Escriban una lista de posibles preguntas y respuestas. Después prepárense para actuar la escena delante de la clase.

G Actividad 3-33 Improvisemos

● Usted necesita los servicios de un detective. Hagan los papeles de un detective y un cliente.

Primero necesitan decidir:

¿Cuál es el problema del cliente?

¿Qué información necesita preguntar el detective?

¿Para cuándo necesita la información?

Escriban un diálogo entre el cliente y el detective.

> **NOTA CULTURAL**
>
> Una de las mejores novelas de detectives para estudiantes de español es _Rosaura a las diez_ de Marco Denevi, escritor argentino.

Verbos con cambio de raíz

Stem-changing verbs look like just another set of irregular verb forms, but they are different because the change that occurs is predictable. The endings of these verbs will follow the regular patterns that you have already seen in the three conjugations; however, they will demonstrate a change in the root.

Read the following anonymous letter that Angela has received and see if you can recognize some of the stem-changing verbs.

Mi adorada Angela:

Te confieso que no tengo valor para decirte lo que siento <u>a la cara</u>. Me tiembla la voz en tu presencia y se me <u>desvanecen</u> las palabras <u>quedándome</u> <u>mudo</u>. Cuando te veo, quiero confesarte mis sentimientos, pero <u>temo</u> no ser correspondido. Tu sonrisa me consuela, tus lágrimas me duelen. Eres mi vida y mi corazón. Te quiero.

<u>Sueño con</u> que pronto pueda confesarte mi amor y estar siempre a tu lado.

Tu admirador secreto.

a la cara = to your face
desvanecen = they disappear
quedándome mudo = remaining mute
temo = I fear
sueño con = I dream about

Almost all the verbs in this love letter are stem-changing verbs. Write them down below:

_____   _____   _____   _____

_____   _____   _____   _____

If you will look at the verbs closely, you will note that there are some common changes that occur. What are those changes?

o → _____   e → _____ or _____

The verb *poder* is one that you have already seen quite often. Below you have the entire conjugation. The vowel *o* breaks into the diphthong *ue* because it receives the main stress.

yo	puedo	nosotros	podemos
tú	puedes	vosotros	podéis
Ud., él, ella	puede	Uds., ellos, ellas	pueden

Two additional verbs that follow a similar pattern to *poder* include:

doler   *to hurt*   volver   *to return*   llover   *to rain*

The verbs below will demonstrate the same type of vowel change, but their endings will be those of the *–ar* conjugation. Choose one of the verbs and write out the conjugation.

contar	*to count*	colgar	*to hang*	volar	*to fly*
costar	*to cost*	encontrar	*to find*	soñar (con)	*to dream about/of*
sonar	*to ring*	mostrar	*to show*	recordar	*to remember*

yo   _____   nosotros   _____

tú   _____   vosotros   _____

él, ella, Ud.   _____   ellos, ellas, Uds.   _____

Now study the conjugation of *querer*. In this type of stem-change you will find e→ie.

yo	quiero	nosotros	queremos
tú	quieres	vosotros	queréis
él, ella, Ud.	quiere	ellos, ellas, Uds.	quieren

Verbs similar to *querer* include:

temblar   *to tremble*   perder   *to lose*

recomendar   *to recommend*   entender   *to understand*

Other verbs that follow this vowel pattern but that are *–ar* verbs include:

cerrar	*to close*	empezar	*to begin*	pensar	*to think*
comenzar	*to begin*	confesar	*to confess*	sentarse	*to sit down*

Conjugate one of these verbs so that you can review the vowel change in the *–ar* conjugation:

yo	_____	nosotros	_____
tú	_____	vosotros	_____
él, ella, Ud.	_____	ellos, ellas, Uds.	_____

The last group of verbs that follow this vowel pattern end in *–ir*.

dormir	*to sleep*	morir	*to die*

Conjugate one of these verbs so that you can review the vowel change in the *–ir* conjugation:

yo	_____	nosotros	_____
tú	_____	vosotros	_____
él, ella, Ud.	_____	ellos, ellas, Uds.	_____

¡OJO!

This *–ir* group of e→ie stem changing verbs will also exhibit the change e→i in the 3rd person singular and plural in the preterit, e.g., sintió, sintieron.

sentir	*to feel*	sugerir	*to suggest*
preferir	*to prefer*	divertirse	*to have a good time*

The final type of stem-changing verb involves the changes e→i. In this last set, you will note that only *–ir* verbs participate in this stem-change. Study the conjugation of *pedir* below.

yo	pido	nosotros	pedimos
tú	pides	vosotros	pedís
él, ella, Ud.	pide	ellos, ellas, Uds.	piden

Verbs that follow this pattern are:

conseguir	*to achieve*	elegir	*to choose/elect*
repetir	*to repeat*	seguir	*to follow*
servir	*to serve*	vestir(se)	*to dress*

Actividad 3-34 Una conversación

- Angela está hablando con su amiga Claudia sobre la carta misteriosa que recibió el otro día. Rellene los espacios en blanco con la forma apropiada del verbo. Lean la carta de Angela otra vez.

Modelo: En la carta dice que él no puede vivir sin mí.

Angela: Escribe que él no _____ valor para decirme lo que siente a mi cara.

Claudia: ¡Qué romántico!

Angela: Y que le _____ la voz en mi presencia.

Claudia: ¡Qué emoción!

Angela: Además, él _____ confesarme sus sentimientos.

Claudia: ¡No me digas!

Angela: Sí y aún hay más. Escribe que él se _____ mudo cuando me ve porque sus palabras se _____.

Claudia: ¿Quién será? ¿Y qué más dice?

Angela: Continúa que mi sonrisa le _____ y que mis lágrimas le _____.

Claudia: ¡Qué chévere! ¡Vaya chisme más emocionante!

Angela: Pues sí y concluye la carta declarando que sueña con poder _____ su amor por mí y con _____ siempre a mi lado.

Claudia: ¡Qué pasada! Angela, ¡qué suerte tienes! Oye, necesitamos descubrir quién es.

Angela: ¡Pues sí! Porque yo estoy intrigadísima. Bueno, te veo en un rato en casa.

Claudia: ¡Vale! Nos vemos luego y me enseñas la carta. ¡Chao!

Angela: ¡Hasta luego!

Ⓖ Actividad 3-35 ¿Es usted una persona observadora?

- Parece que Angela necesita encontrar un detective. ¿Es usted una persona observadora? Ayude a Angela a completar la lista que está escribiendo sobre las cualidades que debe tener un buen detective. Utilice los siguientes verbos.

Modelo: Un buen detective pide mucha información.

pedir	pensar	mostrar
empezar	encontrar	preferir
seguir	resolver	recordar

Ⓖ Actividad 3-36 Una entrevista

- Utilizando la información de la actividad 3-35, practiquen una entrevista entre Angela y un detective. Ella le va a preguntar sobre sus habilidades y él tiene que contestar a todas las preguntas.

Modelo: Angela: ¿Necesita mucha información?
Detective: Por supuesto, necesito mucha información.

Actividad 3-37 ¿Admirador secreto?

● Escriba una carta anónima a otra persona de la clase. No tiene que ser una carta de amor. Puede ser una carta en que exprese su admiración por esta persona—por su amabilidad o por su inteligencia o porque esta persona es muy trabajadora.

A escribir

¿Cuál es su sueño para el futuro?

Your past two writing assignments have focused on descriptions. In this assignment you will concentrate on writing about what another person in the class will do in the future.

Actividad 3-38 Preguntas personales

Paso 1

● Fill out the questionnaire below for yourself. You answers can be truthful or fictional—it is your decision. You should come to class with your answers prepared.

Mi sueño para el futuro es _____

Quiero ser _____

Quiero vivir en _____

Mi casa va a ser _____

Mi familia va a ser _____

Voy a tener _____ hijos.

Voy a tomar mis vacaciones en _____

En mi tiempo libre voy a _____

Paso 2

● In class, use the same questionnaire to ask questions of your partner and write down his or her answers. As you learn more about your partner's dreams for the future, feel free to ask the more specific questions about it.

Su sueño para el futuro es _____

Quiere ser _____

Quiere vivir en _____

Su casa va a ser _____

Su familia va a ser _____

Va a tener _____ hijos.

Va a irse de vacaciones a _____

En su tiempo libre va a _____

Actividad 3-39 En el futuro...

● Using the information from your partner, write a short article about him or her in your notebook that might appear next to his or her photo in the yearbook. Remember to be as creative as possible and to start your paragraph with a sentence that will capture the attention of the reader.

Actividad 3-40 Redactando

● Remember to proofread your paragraph using the following checklist.

❏ Ortografía
❏ Uso apropiado de *ser* y *estar*
❏ Uso apropiado de los verbos irregulares
❏ Concordancia entre sujeto y verbo
❏ Concordancia entre sustantivos y adjetivos

Contextos

G Actividad 3-41 En el laboratorio de lenguas

Situación: Una entrevista entre un/a artista y un/a entrevistador/a de la MTV.
Personajes: Artista y entrevistador/a
Practiquen la entrevista varias veces antes de grabarla en un radio-cassette.

Actividad 3-42 Improvisemos

● Imagine que usted quiere ser la anfitriona/el anfitrión (*host*) para QVC. En el *casting* usted va a recibir un producto y tiene que describirlo en detalle para venderlo a un buen precio.

Actividad 3-43 Informes

● Imagine que es un actor/cantante o una actriz/cantante y quiere trabajar en el famoso y prestigioso Club Mercurio como imitador/a. En el *casting* tiene que imitar a un/a cantante latino/a. Debe preparar una pequeña biografía del/de la cantante y estar preparado/a para demostrar su talento.

Público: Ustedes van a ser los jueces (*judges*). Después de que todos hayan hablado y cantado, van a tener la oportunidad de hablar con ellos en una entrevista. Preparen muchas preguntas para las entrevistas.

Vocabulario

Vocabulario relacionada con las entrevistas

comentar	to comment
el comentario	comment
contar	to tell
el/la entrevistador(a)	interviewer
entrevistar	to interview
el invitado/la invitada	invited guest
invitar	to invite
hacer preguntas	to ask a question
la memoria	the memory
la opinión	opinion
pensar (ie) de	to have an opinion on something
pensar (ie) en	to think about
pensar (ie) que	to think that
una pregunta	a question
preguntar	to ask a question
recordar (ue)	to remember
el recuerdo	recollection
responder	to answer
la respuesta	response

Interrogative pronouns

¿Cuándo?	When?
¿Cuánto/a/os/as?	How much?
¿Cómo?	How?
¿Qué?	What?
¿Dónde?	Where?
¿Cuál?	Which?
¿Quién?	Who?

Formas y el adjetivo relacionado

triangular	triangular
el triángulo	triangle
circular	circular
el círculo	circle
cuadrado	square-shaped
el cuadro	square
rectangular	rectangular

el rectángulo	rectangle
arqueado	arched
el arco	arch
puntiagudo	pointed
el punto	point

Materiales*

la madera	wood
el metal	metal
el plástico	plastic
el vidrio	glass
el cuero	leather
el papel	paper
el cartón	cardboard

Otros adjetivos

espinoso/a	prickly
desigual	unequal/bumpy
plano/a	flat surface
liso/a	smooth
brillante	shiny
metálico/a	metallic
duro/a	hard
blando/a	soft
afilado/a	sharp
agudo/a	sharp
suave	soft
con escamas	scaly
peludo/a	furry

Cantidades

la libra	pound
el kilogramo	kilogram
la milla	mile
el kilómetro	kilometer
el litro	liter
la tonelada	ton
la botella	the bottle
la caja	the box
la lata	the can

---

*Since all of these are nouns when they are used as part of a description of another noun, you must add the preposition *de* (*modelo: una casa de madera*).

Capítulo 4

Linguistic functions

- Expressing possession and talking about the immediate past

Structural focus

- Present perfect, past participles, and reflexive verbs

Review

- Possessive and demonstrative pronouns

Un lugar
para vivir

Lluvia de ideas

Ⓖ Actividad 4-1 La vivienda

Paso 1

- En las fotos se ven varios tipos de vivienda. Escriban todas las palabras que ustedes asocian con cada *casa*.

_____ _____ _____ _____

_____ _____ _____ _____

_____ _____ _____ _____

_____ _____ _____ _____

_____ _____ _____ _____

Paso 2

- ¿Cuáles son las ventajas o desventajas de vivir en cada casa?

Actividad 4-2 Mi casa

- ¿Cómo es su casa, apartamento o cuarto? Escriba una breve descripción.

Mi casa _____

_____

_____

_____

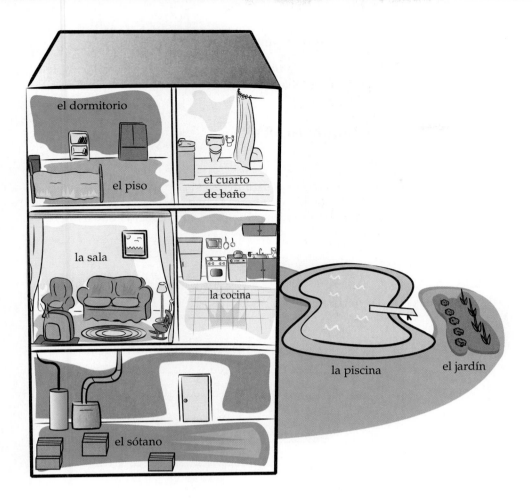

el dormitorio

el piso

el cuarto de baño

la sala

la cocina

la piscina

el jardín

el sótano

vivienda = housing
ahorrar = to save
hipoteca = mortgage

❷ Actividad 4-3 ¿Cómo viven?

Paso 1

• Seleccionen un tipo de casa de las fotos y escriban un retrato (*portrait*) de un día típico de las personas que viven dentro de ella. ¿Qué hacen normalmente?

Paso 2

• Compartan su descripción con otro grupo.

❷ Actividad 4-4 La casa ideal

• Con su compañero/a hablen de su casa ideal. ¿Dónde está situada? ¿Es grande o pequeña? Comparen su descripción con la de otro grupo.

❷ Actividad 4-5 Un cuarto para mi profesor/a

● En los próximos días, diseñen un cuarto especial para su profesor/a. Hablen del color de las paredes, los muebles, etc.

❷ Actividad 4-6 Improvisemos

Paso 1

● En una casa se realizan muchas tareas domésticas. Con un/a compañero/a piensen en qué actividades de las siguientes se hacen en cada habitación de la casa. Piensen en todas las actividades posibles. A continuación hay unas posibilidades.

lavar los platos	comer	preparar la comida	dormir
ver la televisión	estudiar	cortar el césped	

el comedor: _____

la sala: _____

el dormitorio: _____

la cocina: _____

el baño: _____

el garaje: _____

el jardín: _____

Paso 2

● Cierren los libros. En grupos de cuatro estudiantes, escojan cada uno/a una actividad. Delante de su grupo, representen por medio de mímica (sin hablar nada) esta actividad. Sus compañeros de grupo han de adivinar qué actividad es y en qué parte de una casa se suele realizar.

Paso 3

● Escojan la mejor representación de su grupo. Represéntenla todos los miembros del grupo al mismo tiempo (*at the same time*) delante de la clase. El resto de la clase ha de adivinar de qué actividad se trata.

AUDIO Actividad 4-7 Busco apartamento

- Una amiga de Maite necesita *alquilar* un apartamento. Lea las preguntas a continuación y escuche el anuncio.

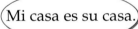

inmobiliaria = *real estate agency*

alquilar = *to rent*

1. De acuerdo con el anuncio, ¿en qué debe emplear su tiempo?

_____

2. ¿Qué tipos de apartamento tienen en esta *inmobiliaria*?

_____

3. ¿Para quién son adecuados los apartamentos pequeños?

_____

4. ¿Qué oferta tienen esta semana en la inmobiliaria?

_____

5. Según el anuncio, decida si las siguientes afirmaciones son verdaderas (V) o falsas (F).

Es importante emplear mucho tiempo en buscar un nuevo apartamento.	V / F
Los apartamentos grandes son buenos para compartir con otras personas.	V / F
La ventaja de los áticos es que tienen buenas vistas.	V / F
Las urbanizaciones son adecuadas para estudiantes graduados.	V / F
Esta semana no hay ninguna oferta especial.	V / F

Sí, recuerdo

Repaso de gramática

Adjetivos posesivos

In the last section, we used a number of possessive adjectives (*adjetivos posesivos*) in the instructions in order to jog your memory a bit about this feature of Spanish grammar. When we say things like *my house* or *his house*, that small word expressing possession is called a possessive adjective when it modifies a noun. Go through the activities in the *Lluvia de ideas* and circle all the examples of possessive adjectives that you can find.

You should have found examples of at least three. If you will look at the cartoon, you will find two more. Write them all down in the spaces provided.

Mi casa es su casa.

_____ _____ _____ _____ _____

You should note two other things about how these adjectives behave. Hint: think back to Capítulo Uno and our review of *Concordancia*. If I want to say "my houses" or "our gardens," how do I do that? Write your answers below.

_____ _____

What do I need to add to the possessive adjective if the noun that I am describing is plural?

_____

For the *nuestro* (and *vuestro*) forms what other change might you need?

_____

Fill in the chart below with possessive adjectives. If you are still a little unsure, then study the chart on the next page!

Adjetivos posesivos

_____   _____

_____   _____

_____   _____

NOTA CULTURAL	
Costa Rica	
Nombre oficial:	La república de Costa Rica
Capital:	San José
Area:	51.100 km^2
Población:	3.810.179
Gobierno:	República demócrata libre independiente
Ciudades importantes:	Alajuela, Cartago, Heredia, Guanacaste, Puntarenas, Limón
Productos:	el café, el turismo

• La Cruz
Los Chiles
• Hacienda Murciélago
Amparo
Upala
San Carlos
Trinidad
• Coco • Liberia
Tilaran
COSTA RICA
Mateo
• Paraíso
Juntas
Amelia
Alajuela
•Garza
Heredia
Naranjo
Puntarenas
• Limón
Jabilla
San José
Cartago
•Cabuya
• San Marcos
Atalanta
Puerto Viejo
San Isidro
Bixaola
Puerto Quepos
• Dominical
Buenos Aires
• Ciudad Cortés
• Sabalito
Drake
Neily
Madrigal
Puerto González

Carlitos   Ana

Actividad 4-8 Mis juguetes o tus juguetes

Ana y Carlitos son los sobrinos de Jaime. Ellos juegan juntos pero Ana siempre quiere recordar de quién es cada juguete porque de otro modo, Carlitos se queda con todos.

● Lea la conversación y rellene los espacios en blanco con la forma apropiada del adjetivo posesivo.

Ana: Mira Carlitos, todos _____ coches son rojos y están muy

             nuevos, son más bonitos que tu coche amarillo. _____ coche

             amarillo está ya muy viejo. También _____ camiones están
             muy viejos, aunque son bonitos.

Carlitos: Ana, ¡déjame en paz! ¡Quiero jugar con _____ dinosaurio!

Ana: No, no puedes jugar con él porque es mío. Además, yo quiero jugar

             con _____ dinosaurio. Pero si quieres, puedes jugar con

             _____ muñeca.

Carlitos: _____ muñeca es fea. Te doy _____ bloques por

             _____ dinosaurio.

Ana: A ver. Te doy _____ dinosaurio si me das _____

             bloques y _____ teléfono.

Carlitos: Vale, me parece bien.

Actividad 4-9 Una nota para Mateo

Mateo, el hermano de Jaime, y su esposa Amelia son los padres de Ana y Carlitos. Amelia se tiene que ir de viaje y quiere dejarle un recado a su marido, Mateo, sobre las tareas que necesita hacer. No tiene mucho tiempo. Ayúdele a escribir el mensaje con el adjetivo posesivo apropiado.

Querido Mateo:

Tengo que salir corriendo al aeropuerto. ¿Me puedes hacer los siguientes favores durante la semana?

Modelo: Lava ___**mi**___ coche.

ropa de color Limpia el baño después de _____ baño relajante.

Lava _____ .

Pon _____ toallas en la lavadora.

Lleva a Carlitos a _____ prácticas de béisbol.

Prepara la cena para _____ amigos.

Llama a _____ madre cada noche.

Saca a pasear a _____ perro cada día.

Ayuda a Ana con _____ tarea.

mi, mis	nuestro, nuestra, nuestros, nuestras
tu, tus	vuestro, vuestra, vuestros, vuestras
su, sus	su, sus

Nuestros coches

¡OJO!

Possessive adjectives reflect the gender and number of the noun that they modify, not the person who is the possessor.

② Actividad 4-10 Nuestras familias

● Su amigo/a y usted están hablando de sus familias. Compare su familia con la de su compañero/a. Túrnense para hacer las comparaciones. Escriban al menos cinco comparaciones.

_____

_____

_____

_____

_____

Ⓖ Actividad 4-11 ¿Qué llevamos a clase?

● En grupos de cuatro personas, abran su mochila y saquen cinco objetos. Sus compañeros deben hacer lo mismo. Pongan todas sus posesiones encima del pupitre y mezclen (*mix*) todos los objetos. Túrnense para elegir un objeto y decidir de quién es.

> *Modelo: Estudiante 1: «¿Sarah, es éste tu bolígrafo?»*
> *Estudiante 2: «Sí, es mi bolígrafo."*

Adjetivos demostrativos

Demonstrative adjectives (*adjetivos demostrativos*) are helpful when we want to point out a particular noun; when we want to say *this house* or *that house* or *these houses* or *those houses*. You probably also remember that Spanish has another demonstrative adjective to indicate *that* (further from the speaker). Look at the illustration and write down the demonstrative adjective that fits the context. If you are having a little trouble remembering, the examples below may give you a hint.

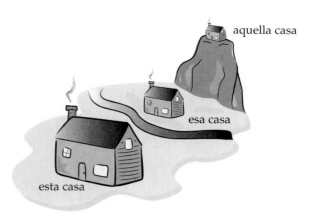

aquella casa

esa casa

esta casa

Now study the following examples:

estos pisos	*these floors*
esos jardines	*those gardens*
estas piscinas	*these swimming pools*
esas casas	*those houses*
aquellos dormitorios	*those bedrooms over there*

Again, because these are adjective forms, what can you say about gender and number?

_____

Look around you and make a list of at least six things that you can point out to someone. Write them down below.

Modelo: ___este libro___

_____   _____   _____

_____   _____   _____

Actividad 4-12 Jugando juntos

● Ana y Carlitos juegan juntos otra vez. Lea su conversación y llene el espacio en blanco con la forma apropiada de este/a, ese/a, o aquel/aquella. ¡Ojo con la concordancia!

Ana:	Carlitos, _____ camión no es muy bonito.
Carlitos:	¿Quieres otro?
Ana:	Sí, quiero _____ camión que está en el rincón.
Carlitos:	Toma, aquí tienes.
Ana:	Carlitos, _____ libros son aburridos.
Carlitos:	¿Cuáles quieres?
Ana:	Quiero _____ libros que están a tu lado.
Carlitos:	No. Yo necesito ahora _____ libros. Hay otros en mi dormitorio que puedes leer. Vete a buscar _____ libros a mi cuarto.
Ana:	Están demasiado lejos y ahora no quiero leer. ¿Quieres jugar conmigo con _____ muñeca?
Carlitos:	No, no quiero jugar con _____ muñeca. Quiero jugar con _____ coches.
Ana:	¿Puedo jugar con _____ coches contigo?
Carlitos:	Sí, toma _____ coche azul.

Actividad 4-13 De compras

- Lisa está de compras en una tienda. Mire el dibujo y conteste a las preguntas de la dependienta.

La dependienta:	¿Qué zapatos prefiere?
Lisa:	Prefiero _____
La dependienta:	¿Cuál de las camisas quiere usted?
Lisa:	_____

La dependienta:	¿Qué pantalones prefiere?
Lisa:	_____
La dependienta:	¿Qué suéter va a comprar?
Lisa:	_____
La dependienta:	Nos han traido una nueva selección de bolsos, ¿cuál quiere?
Lisa:	_____

Actividad 4-14 En el museo

- Usted necesita ir al museo para su clase de arte. Su tarea para la clase es comparar los dos retratos que se pueden ver en la siguiente ilustración. Describa los personajes, el ambiente (*environment*) y las acciones de la gente. En su descripción emplee los adjetivos demostrativos para distinguir entre los retratos. Siga el modelo.

> *Modelo: En este retrato hay ...*
> *Esa mujer es ...*

❷ Actividad 4-15 Improvisemos

Varios de sus compañeros de casa y usted tienen que comprar un regalo para uno de sus amigos. Utilicen el vocabulario y las estructuras que han aprendido hasta el momento. Improvisen una conversación donde den ideas sobre el regalo más apropiado.

Paso 1

- Improvise un pequeño diálogo con su compañero/a.

Paso 2

Después, escríbalo en su cuaderno.

● Memorice el diálogo y represéntelo con su compañero/a en grupos de seis estudiantes.

Vocabulario

las persianas
la cortina
el cuadro/la pintura
el sillón
el sofá
la lámpara
la alfombra
el televisor
la mecedora

la sala

el botiquín
la ducha
la toalla
el jabón
el lavabo
el papel higiénico
el inodoro
la bañera
la balanza/ la báscula

el cuarto de baño

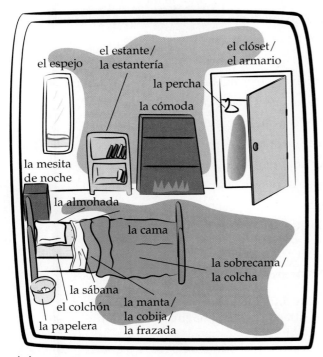

el espejo
el estante/ la estantería
el clóset/ el armario
la percha
la cómoda
la mesita de noche
la almohada
la cama
la sobrecama/ la colcha
la sábana
el colchón
la manta/ la cobija/ la frazada
la papelera

el dormitorio

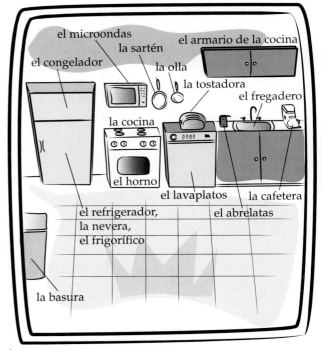

el microondas
la sartén
el armario de la cocina
el congelador
la olla
la tostadora
el fregadero
la cocina
el horno
el lavaplatos
la cafetera
el refrigerador, la nevera, el frigorífico
el abrelatas
la basura

la cocina

Capítulo 4   Un lugar para vivir

pasar la aspiradora   recoger la mesa   barrer el suelo

fregar los platos   sacar la basura   quitar el polvo

Actividad 4–16 Definiciones

● Rellene los espacios en blanco con la palabra apropiada.

1. _____ es el electrodoméstico que limpia los platos.
2. _____ es el aparato que limpia el suelo, la alfombra o la moqueta.
3. _____ es el aparato donde se asa el pollo.
4. _____ es un mueble grande para sentarse varias personas.
5. _____ es un mueble que usan las madres para calmar a los bebés.
6. _____ es donde una persona se lava la cara.
7. _____ es donde se lavan los platos a mano.
8. _____ es la parte de la nevera que se usa para congelar.
9. _____ es el electrodoméstico que cocina la comida muy rápido.
10. _____ es el mueble con cajones para guardar la ropa.
11. _____ es el lugar para colgar la ropa.
12. _____ es con lo que se lavan las manos.

❷ Actividad 4-17 Decorando interiores

● Examinen otra vez las fotos de diferentes tipos de casa al principio del capítulo. Escojan una de las casas y usen su imaginación para diseñar su interior.
● Escriban un párrafo donde expliquen el número de cuartos que hay, cómo son los muebles, cómo es la decoración, etc.

Actividad 4-18 *Elle casa*

● Imagine que es editor/a de *Elle casa*, una revista sobre el diseño de interiores. Usted necesita describir el cuarto que se ve en la siguiente foto para los lectores de la revista. Haga una descripción interesante del cuarto.

❷ Actividad 4-19 ¡A dibujar!

Mi cuarto

El cuarto de mi compañero/a

Paso 1

● Siéntense espalda contra espalda para que no puedan ver sus dibujos. Dibujen su cuarto en un papel. No lo muestren a nadie. Después, escriban una breve descripción detallada de su cuarto.

Paso 2

● Su compañero/a y usted necesitan decidir quién va a describir primero el cuarto y quién va a dibujarlo. Túrnense (*take turns*) para leer su descripción a su compañero/a. Sólo se puede explicar y leer la descripción en español. Su compañero/a debe escuchar su descripción y dibujar su cuarto.

Paso 3

● Ahora es su turno para dibujar, así que escuche la descripción de su compañero/a. Comparen los dibujos; ¿se parecen?

● Susana ha alquilado un apartamento y se lo describe a Maite. Escuche cómo se lo describe por teléfono y responda a las siguientes preguntas.

1. Decida si las siguientes afirmaciones son verdaderas (V) o falsas (F).

Es un apartamento espacioso para una persona.   V / F

El apartamento está situado en una zona de estudiantes muy animada.   V / F

El apartamento tiene un alquiler barato.   V / F

El apartamento no tiene muchos muebles.   V / F

2. ¿Cómo es la vecina de Susana?

_____

_____

_____

Hola Susana.

3. Escriba y reflexione.

¿Qué le gusta más del apartamento de Susana?

_____

_____

_____

¿Qué le gusta más de su apartamento o cuarto aquí en la universidad? ¿Cómo son sus compañeros de cuarto? ¿Y sus vecinos? ¿Son tranquilos o ruidosos?

_____

_____

_____

_____

Lectura temática

Actividad 4-21 Antes de leer

● Piense en su rutina diaria. ¿A qué hora se levanta? ¿A qué hora va a la universidad o al trabajo? ¿Cuáles son sus quehaceres domésticos?

Actividad 4-22 ¿Cuál es el tema?

● Mire la foto y lea el titular de la lectura.

1. ¿Cuál es el tema central?

2. ¿Qué cree usted que hacen los astronautas cuando viajan al espacio?

3. ¿Puede usted imaginar su rutina diaria? ¿Cómo cree que es?

Actividad 4–23 Cognados

● Examine los cognados a continuación y escriba su significado.

1. estación   _____
2. construcción   _____
3. ocupante   _____
4. sofisticación   _____
5. aventura   _____
6. esfuerzos   _____
7. consumibles   _____
8. eficiencia   _____
9. residuos   _____
10. tanque   _____
11. el transbordador espacial _____
12. provisiones   _____
13. órbita   _____

equipos = team
se han mudado = they have moved
la tripulación = crew
los diseñadores = designers
enviados = sent
la meta = goal
alcanzar = reach
el reciclaje = recycling
desechos = waste products
empaques = packaging
alimentos = food
rescate = rescue
se convierte en = converted into
las tripulaciones = crews
juegos de damas = checkers
ajedrez =chess
la puesta del sol = sunset
marineros = sailors

Quehaceres domésticos de altura en la EEI

¡El negocio ya está abierto! Y aunque los *equipos* de construcción no han terminado todavía, los primeros ocupantes de la Estación Espacial Internacional (EEI) ya *se han mudado* y se preparan para sus actividades domésticas.

Vivir en el espacio es una aventura cinematográfica, llena de sofisticación y glamour. Pero, los viajeros espaciales en las películas de Hollywood rara vez tienen que sacar la basura o limpiar la cocina. Pero, ¿qué pasa con los astronautas de la vida real? ¿Hay quehaceres en la EEI?

Imaginar cómo puede ser el estar ahí durante varios meses o incluso años resulta difícil. Por ejemplo, ¿qué come *la tripulación* de la EEI, y cómo cocinan? Toda la comida es enviada por los transbordadores espaciales americanos o por el vehículo ruso Progreso. La tripulación ayuda a seleccionar la comida que desea de un variado menú. La comida fresca consiste en frutas y verduras, pero nada que requiera refrigeración. Con el tiempo, la EEI será totalmente operacional y tendrá un pequeño refrigerador y un horno.

Los diseñadores de la EEI hacen grandes esfuerzos para minimizar la cantidad de agua y otros consumibles que deben de ser *enviados* desde la Tierra. *La meta* a *alcanzar* en *el reciclaje* del agua es una eficiencia cercana al 95%.

Pero hay otros *desechos* que no pueden ser reciclados tan eficientemente, en especial los residuos sólidos de *empaques* de *alimentos,* experimentos, tanques vacíos de combustible, etc. ¿Quién es el encargado de sacar la basura?

Una vez más, el transbordador espacial viene al *rescate*. Con cada llegada del transbordador llegan provisiones frescas. ¡Y cuando se va, *se convierte en* el camión de basura más caro del mundo! Bolsas y contenedores sellados con la basura de la estación serán traídos de vuelta a la Tierra.

La tripulación de cada nave siempre va a estar muy ocupada durante sus misiones en la EEI. Pero aunque la mayoría es trabajo, sí hay algo de diversión. ¿En qué consiste el descanso y la diversión de hombres y mujeres a bordo de la EEI? Una fracción significativa de las horas libres se emplea en un estricto régimen de ejercicio y actividad física, porque en el espacio ocurre una

degradación física notable del cuerpo humano.

¿Qué hace entonces cada uno de los astronautas cuando no está durmiendo, trabajando o haciendo ejercicio? «A los miembros de la tripulación se les permite llevar algunos objetos personales» dice Lu, uno de los astronautas que participan en las misiones de la EEI. «Cosas como *juego de damas* o *ajedrez...* su música favorita, etc. También hay disponibles películas en DVD.»

¡Así que, no es exactamente como estar en casa! Y no se puede salir a dar un paseo para ver *la puesta del sol*. Pero los «*marineros*» de la EEI lo pasarán mucho mejor que aquellos intrépidos exploradores que dejaron Europa en el siglo XV, en busca de nuevas tierras.

Actividad 4-24 Después de leer

- Usando sus propias palabras, escriba un breve resumen de la vida diaria de un/a astronauta en la Estación Espacial Internacional. ¿Cómo es su vida en su casa espacial? ¿A qué hora come? ¿Cuándo se levanta o se acuesta?

> **NOTA CULTURAL**
>
> Pedro Duque es el primer astronauta español que ha viajado en el transbordador espacial.

❷ Actividad 4-25 Improvisemos

Situación: Improvisen una entrevista con un(a) astronauta que va a viajar a la EEI el próximo mes.

Personajes: un/a astronauta y un/a entrevistador/a

- Hablen de sus emociones al saber que van a vivir en el espacio durante varios meses. Describan cómo puede ser su vida en el espacio.

Gramática

El presente perfecto

The present perfect (*presente perfecto*) is a tense that allows you to talk about events in the recent past. With this tense you will be able to say that you *have cleaned your room* or *have washed the dishes*. Read the cartoon below and you'll encounter some examples of the present perfect.

Expressions like those seen in the cartoon represent the present perfect. The present perfect is a compound tense, which means that it needs two verbs in order to be complete: the present tense of the verb *haber* and the past participle form of another verb. By examining what the Detective and Angela have said, you should be able to deduce a least a part of the paradigm for the verb *haber*.

haber			
yo	he	nosotros	hemos
tú	has	vosotros	habéis
él, ella, Ud.	ha	ellos, ellas, Uds.	han

El participio pasado

The second part of the present perfect is the past participle. Again, if you examine the cartoon you will find examples of this form. They appear right after the verb *haber*.

Write the forms below.

_____   _____

_____   _____

There are three regular forms and one irregular form represented in the dialog.

Can you deduce which is the irregular form? Write it down. _____.
Look at the three regular forms. What is the past participle ending on each of

them? _____. What do you need to do to the infinitive form in order to add the participle? Look below and determine if you made the appropriate deduction!

-ar	-er	-ir
-ado	-ido	-ido

To form the participle, just remove the *-ar*, *-er*, or *-ir* ending of the infinitive and add *-ado* or *-ido* to the remaining stem. Look at the following verbs, which have regular past participles, and write down their past participles next to them.

fregar	_____	escoger	_____
vivir	_____	limpiar	_____
correr	_____	salir	_____
entrevistar	_____	sorprender	_____
imprimir	_____		

What about the forms below? Although these four verbs are often irregular, they have regular past participle forms.

estar	_____	ser	_____
venir	_____	tener	_____

Of course, there are irregular forms like *descubierto*. This comes from the verb *descubrir*. What would be the past participle for *cubrir*? _____. Almost all the irregular past participles end in *-to*. However, they often have irregular roots, so the most common irregular forms are presented below.

Infinitive	Past participle
abrir	abierto
cubrir	cubierto
decir	dicho
describir	descrito
escribir	escrito
hacer	hecho
poner	puesto
romper	roto
ver	visto
volver	vuelto

Verbs based on those above (*devolver*) will also display the irregularity.

Actividad 4-26 Más preguntas

● Angela ha decidido contratar a un detective para que descubra la identidad de su admirador secreto. Rellene los espacios en blanco con el presente perfecto de un verbo apropiado de la lista. Utilice el presente perfecto. Se puede usar cada verbo más de una vez.

mostrar	mandar	recibir	descubrir	usar
ver	decidir	terminar	traer	conocer

Detective:	¿Por qué _____ contratarme?
Angela:	Porque alguien _____ una carta misteriosa y quiero descubrir quién es.
Detective:	¿ _____ la carta con usted?
Angela:	Sí, aquí la tengo.
Detective:	¿Cuántas cartas _____?
Angela:	Sólo _____ una carta.
Detective:	¿ _____ a alguien nuevo recientemente?
Angela:	Creo que no.
Detective:	¿_____ a alguien desconocido en su oficina o en el apartamento donde vive?
Angela:	¿Qué yo sepa? No.
Detective:	Es muy curioso. Puedo decirle una cosa... la persona que le _____ la carta _____ una máquina de escribir y no una computadora.
Angela:	¡Qué raro!

Actividad 4-27 ¿Lo ha hecho?

- Mateo mira la lista de Amelia para ver si ha hecho todo lo que ésta le ha pedido.

    Modelo: Lavar <u>el coche</u>

    <u>Sí, he lavado el coche.</u>

1. Limpiar la bañera después de mi baño relajante.

_____

2. Lavar la ropa de color.

_____

3. Poner las toallas en la lavadora.

_____

4. Llevar a Carlitos a sus prácticas de béisbol.

_____

5. Preparar la cena.

_____

6. Llamar a la madre de Amelia cada noche.

_____

7. Sacar a pasear al perro cada día.

_____

8. Ayudar a Ana con su tarea.

_____

❷ Actividad 4-28 Dos maneras de vivir

| Salón A | Salón B |

- Examine los dibujos con cuidado. Escriba una serie de distinciones entre las dos habitaciones según el modelo.

    Modelo: En uno de los salones han limpiado el cuarto.

_____

_____

_____

_____

Actividad 4-29 Firme aquí

- ¿Qué estudiantes han hecho las siguientes tareas domésticas esta semana? Pregunte a sus compañeros utilizando el presente perfecto. Sus compañeros deben firmar en los espacios en blanco.

Firma

Hacer la cama   _____

Lavar la ropa   _____

Planchar   _____

Recoger el cuarto   _____

Desayunar   _____

Hacer la comida   _____

Pasar la aspiradora   _____

Sacar la basura   _____

Fregar los platos   _____

Limpiar el cuarto de baño   _____

Los verbos reflexivos

Ana se levanta. *Ana is getting herself up.*

Carlitos se viste. *Carlitos is dressing himself.*

Mateo se afeita. *Mateo is shaving himself.*

Reflexive verbs are those in which the subject of the sentence is doing something to him/herself or involves his or her body or possessions.

Mateo <u>se</u> afeita todos los días (Action is done to oneself.)

Mateo shaves <u>himself</u> every morning.

Ana <u>se</u> pone un suéter. (Action is done to a possession.)

Ana is putting on <u>her</u> sweater or Amelia is putting a sweater <u>on herself</u>.

Reflexive verbs require the use of a reflexive pronoun with the verb form. As you can read in the examples, this pronoun goes directly before the conjugated verb in the sentence.

REFLEXIVE PRONOUNS

me	nos
te	os
se	se

The reflexive pronoun will reflect the subject of the sentence. In all the examples so far, the subject has been in the third person singular, either *she* or *he* so the pronoun *se* appears. Look at the following subjects and fill in the blank with the appropriate reflexive pronoun.

Modelo: Nosotros ____**nos**____ bañamos por la mañana.

Mi hermano pequeño _____ lava las manos antes de comer.

(Yo) _____ ducho por la noche.

(Tú) _____ acuestas a las once de la noche.

(Ellos) _____ visten.

¡OJO!

If you are using the infinitive form of the reflexive verb, the pronoun may be attached to the end of the infinitive. The reflexive pronoun will still reflect the subject, e.g., *No quiero levantarme a las seis de la mañana todos los días.*

Below is a list of common reflexive verbs.

afeitarse	to shave oneself
acostarse	to get oneself in bed
callarse	to keep oneself quiet
cepillarse los dientes o el pelo	to brush one's teeth or hair
cortarse	to cut oneself (or one's hair)
levantarse	to get oneself up
lavarse	to wash oneself
maquillarse	to put on one's makeup
peinarse	to comb one's hair
ponerse (ropa)	to put on one's clothing
preocuparse	to worry oneself
quitarse	to take off an article of one's clothing
sentarse	to sit oneself down
vestirse	to dress oneself

The reflexive pronoun is also used with the following verbs.

cansarse	to get tired
casarse	to get married
enfermarse	to get sick
ponerse rojo	to get red
enojarse	to get angry

You will note that the pronoun *-self* does not appear in the translation, but the idea is that the subject of the verb is undergoing some type of change.

Actividad 4-30 La rutina diaria

● La familia Sánchez tiene todos los días una rutina caótica. Lea su horario y llene los espacios en blanco con el verbo reflexivo adecuado.

Modelo: 7:00—Amelia se levanta *una media hora antes que el resto de la familia.*

levantarse	vestirse	lavarse	cepillarse	despertarse
sentarse	ponerse	lavarse	secarse	levantarse
ducharse				

7:10—Amelia _____. Después baja a la cocina para preparar el desayuno.

7:30—Ana va al cuarto de baño y _____ los dientes y _____ la cara.

7:40—Ana _____ la ropa y ayuda a su hermano a _____.

7:55—Mateo _____ más tarde y _____ de la cama muy despacio.

8:15—Mateo no desayuna con el resto de la familia y prepara el almuerzo para los niños.

8:20—Amelia sube a su dormitorio y _____ . Después _____ y _____ el pelo.

8:20—Los niños miran la tele mientras esperan a sus padres.

8:25—Mateo friega los platos y toma otra taza de café. Después _____ un rato con los niños para mirar los dibujos animados.

Actividad 4-31 La higiene personal

Jaime   Mateo

Paso 1

- Mire los dibujos y escriba lo que cada persona ha hecho o no ha hecho esta mañana.

   Modelo: Mateo se ha cepillado el pelo esta mañana.

G Paso 2

- Con un compañero/a, comente a quién de estas dos personas se parece más usted durante la semana. ¿Y durante los fines de semana?

2 Actividad 4-32 ¡Me he dormido!

Un/a amigo/a y usted han planeado unas vacaciones. Ha hecho la maleta pero todavía necesita hacer algunas cosas antes de salir de viaje. Pensaba levantarse temprano esta mañana, pero desgraciadamente el despertador no funcionó y le ha despertado el teléfono. Es su amiga desde el aeropuerto. El avión sale a las 9:20 y ya son las 8:10. Se tarda media hora en llegar al aeropuerto.

Paso 1

- Aquí está la lista de cosas que escribió anoche. Decida qué va a hacer de las siguientes actividades.

   Modelo: Ducharse... Sí, me voy a duchar.

Afeitarse _____

Maquillarse_____

Cepillarse los dientes _____

Planchar los pantalones que va a llevar_____

Fregar los platos _____

Sacar la basura (está llena) _____

Tomar el desayuno _____

Pagar unas facturas_____

Leer el e-mail _____

Imprimir el billete electrónico _____

Lavarse el pelo_____

Secarse el pelo _____

Dejar el gato con su madre que vive sólo a diez minutos de su casa _____

Paso 2

- Con su compañero/a, numeren del 1 al 10 por orden de importancia (1 = actividad más importante; 10 = actividad menos importante) las actividades de la lista anterior.

Paso 3

- Entre toda la clase, decidan cuáles son las tres actividades indispensables antes de salir de viaje.

❷ Actividad 4-33 Rutinas peculiares

Paso 1

- Escojana uno de los siguientes personajes y describan su rutina diaria.

  El Dr. Frankenstein   David Letterman

  Shrek   Tommy Pickles

  Spiderman   Madonna

Paso 2

- Lea su descripción a un/a compañero/a sin mencionar el nombre de su personaje. Su compañero/a tiene que adivinar de qué personaje se trata.

ⓖ Actividad 4-34 Un invento revolucionario

- Sus compañeros y usted han inventado una máquina para hacer la rutina diaria más fácil. Decidan la función de la máquina y después creen un anuncio para vender el producto al público.

¡A escribir!

Stories aren't necessarily about fantastic, wild events, but about viewing the world from a different perspective and describing it creatively. Look at the picture provided. There is a story here, but not an obvious one. Your task will be to create the story, or at least the beginning of the story. Because we haven't as yet reviewed the preterit or imperfect in Spanish, you will either need to focus on telling about something that is happening or that is going to happen.

Actividad 4-35 En el tejado

- Piense en varias razones para explicar por qué los niños están en el tejado de la casa. Escriban todas las ideas posibles. Usen su imaginación y sean creativos.

_____

_____

_____

_____

Actividad 4-36 Creando un cuento

- A continuación hay varias preguntas para ayudarle a crear una historia.

1. ¿Quiénes van a ser los personajes del relato?

_____

2. ¿Quién va a ser el/la narrador/a? ¿Es uno de los personajes? ¿Es la casa?

_____

3. ¿Cómo se sienten los personajes?

_____

4. ¿A quién va dirigida la historia? ¿Es para adultos, para niños o para adolescentes?

_____

5. ¿Cuál es el mensaje que quiere transmitir con su relato?

_____

Now that you have written down some ideas—some possibilities—decide which you like best. How can these elements begin to come together to tell your story? Remember, you don't have to write the whole story just now . . . just the beginning of the tale.

❷ Actividad 4-37 A compartir

- Share your story with a classmate. Are there elements of each story that you like? Can you combine the two stories into another, extracting the best parts of each?

Contextos

❷ Actividad 4-38 Hay que ser responsables

Uno/a de sus amigos siempre quiere ir de fiesta. Sin embargo usted sabe que tiene mucha tarea para mañana y que sus padres vienen a visitarlo/la y además tiene toda su habitación muy desordenada.

Paso 1

- Utilice las palabras a continuación o invente sus propias preguntas.

> _Modelo: Estudiante 1: ¿Has limpiado tu cuarto?_
> _Estudiante 2: Sí, he limpiado mi cuarto._

pasar la aspiradora	recoger tu ropa del suelo	lavar la ropa sucia
terminar la tarea	estudiar para el examen	comprar comida para tus padres

Paso 2

- ¿Cuál de estas tareas domésticas le parece más aburrida? ¿Cuál le resulta más fácil?

❻ Actividad 4-39 Improvisemos

Situación: Una pareja recién casada va a una tienda para comprar algunas cosas para su nueva casa. El dependiente quiere venderle muchos aparatos nuevos— unos necesarios y otros innecesarios. La pareja no tiene mucho dinero, así que sólo quiere comprar lo indispensable.

Personajes: Un/a vendedor/a y una pareja

- Improvisen un diálogo de acuerdo con esta situación.

Actividad 4-40 Informes

Presentador: Usted quiere vender su casa a un grupo de inversores (*investors*). En su presentación hable en detalle de las características de la casa. Después de la presentación, los inversores van a hacerle algunas preguntas.

Audiencia: Ustedes son un grupo de inversores que tienen interés en comprar casas por esta zona. Escuchen con atención a los vendedores de casas. Después de las presentaciones, formen grupos de tres o cuatro estudiantes y preparen preguntas. Después de hablar con todos los presentadores, deben tomar una decisión. ¿Qué casa quieren comprar?

Ⓖ Actividad 4-41 El diseño perfecto

- Su profesor/a necesita renovar un cuarto en su casa. Diseñen una habitación considerando sus gustos. Pueden utilizar dibujos, fotos, etc. para diseñar el cuarto de sus sueños.

Vocabulario

En la sala

el salon/la sala/el living	living room
el sillón	armchair
el sofá	couch
el televisor/la televisión	television
la alfombra	carpet
las cortinas	curtains
la lámpara	floor lamp
la mecedora	rocking chair
el cuadro	the painting
las persianas	blinds

En cuarto de baño

el cuarto de baño	bathroom
la balanza/la báscula	scale
la bañera	bathtub
la ducha	shower
el inodoro	toilet
el jabón	soap
el lavabo	sink
el papel higiénico	toilet paper
la toalla	towel

En el dormitorio

el dormitorio	bedroom
la cama	bed
el colchón	mattress
la almohada	pillow
la manta/la frazada	blanket
las sábanas	sheets
la colcha	bedspread
la cómoda	chest of drawers

el clóset/el armario	closet
la percha	hanger
el espejo	mirror
la mesita de noche	night table
la estantería/el estante	bookcase
la papelera	wastepaper basket

En la cocina

la cocina	kitchen
el refrigerador/la nevera/ el frigarífico	refrigerator
el congelador	freezer
la cocina	stovetop
el horno	oven
el microondas	microwave
la tostadora	toaster
el fregadero	sink
el lavaplatos	diswasher
la cafetera	coffeemaker
la basura	trashcan/trash
el abrelatas	can opener
el armario	cabinet
la sartén	frying pan
la olla	pot

Quehaceres domésticos

quehaceres/tareas domésticas	household chores
pasar la aspiradora	to run the vacuum
fregar los platos	to wash dishes
recoger la mesa	to clear the table
sacar la basura	to take out the trash
barrer el suelo	to sweep the floor
quitar el polvo	to dust

Capítulo 5

Linguistic functions

- Talking about future events and expressing likes/dislikes

Structural focus

- Future, **gustar**-like verbs, and indirect object pronouns

Review

- **Gustar** and superlatives

146

El futuro ya está aquí

Lluvia de ideas

G **Actividad 5-1** ¿Cuál es el invento más importante?

Paso 1

- En su grupo escriban una lista de cinco de los inventos más importantes de los últimos cien años. De esta lista, escojan el invento más importante.

Paso 2

- Compartan su idea con el resto de la clase. Explique a los otros por qué han escogido este invento.

Paso 3

- Después de escuchar a toda la clase, decidan qué invento es el más importante.

2 **Actividad 5-2** ¿En qué año se inventaron estos aparatos?

- Miren la lista de inventos y las fechas. ¿Cuándo se inventaron?

1877   1886   1927   1946   1936   1991   1887   1589   1879   1876

la bombilla eléctrica   el microondas

el fonógrafo   la Coca-Cola®

la televisión   la Internet

el teléfono   el inodoro

la computadora/el ordenador

ⓖ Actividad 5-3 ¿Cómo ha cambiado el mundo?

● Escojan uno de los inventos mencionados antes y describan cómo ha cambiado el mundo gracias a esta invención. Compartan sus ideas con el resto de la clase.

Actividad 5-4 La «caja tonta»

● La televisión es una las invenciones más significativas del siglo pasado. Escriba una lista de las ventajas y desventajas asociadas con la televisión.

Ventajas	Desventajas
_____	_____
_____	_____
_____	_____
_____	_____

Actividad 5-5 ¿Es usted «*tecnoadicto/a*»?

● Haga un inventario de todos los aparatos que usted posee. Compare su lista con la de otros miembros de la clase. ¿Es usted «*tecnoadicto/a*»?

AUDIO Actividad 5-6 El invento más revolucionario del siglo XX

Maite tiene que escribir un breve ensayo sobre el invento del siglo. Escuche el primer borrador (*draft*) que ha escrito Maite.

Paso 1

● Conteste a las siguientes preguntas según la información del breve ensayo escrito por Maite.

1. ¿Por qué es Internet el invento del siglo?

_____

2. ¿Dónde se usa Internet?

_____

3. Mencione al menos cuatro usos de la Internet que destaca (*points out*) Maite.

_____
_____
_____
_____

4. ¿Cómo es la opinión de Maite sobre Internet? ¿Es positiva? ¿Negativa? ¿Por qué?

_____
_____

Paso 2

- Escriba sus respuestas a las siguientes preguntas.

¿Usa usted mucho Internet? ¿Para qué? (para escribir e-mail, escuchar música, leer las noticias, buscar información, etc.)

_____

_____

G Paso 3

- Formen grupos de tres estudiantes y comparen la información del paso anterior (Paso 2). ¿Cuándo usan Internet?

G Paso 4

- ¿Qué opinan? Contesten a las siguientes preguntas en su grupo.

¿Creen que en el futuro se hará todo a través de Internet? ¿Desaparecerán las radios?

¿Existirá la televisión en el futuro o se verá a través de Internet? ¿Y el teléfono, seguirá existiendo?

_____

_____

_____

Sí, recuerdo

Repaso de gramática

Gustar

We spend a lot of time telling people what we like and don't like, and you probably easily remember how to do this in Spanish. Read the cartoon carefully and then examine the scene on the next page and fill in the spaces with the appropriate answers.

In the space below, try to describe how *gustar* works in Spanish.

_____

_____

_____

The pronoun that we use with *gustar* is called the indirect object pronoun. You already know the form for "me." What is the form for the informal "you?" _____. In the box below you will find all the forms for the indirect object pronouns.

me	(me)	nos	(us)
te	(you [inf. sing.])	os	(you [inf. pl.])
le	(him/her/you [form. sing.])	les	(them/you [form. pl.])

Actividad 5-7 Un regalo de bodas para Lisa y Jaime

● Maite y Elena quieren comprar un regalo de bodas para sus amigos Lisa y Jaime. Lean su conversación y rellenen los espacios en blanco con la forma apropiada del verbo *gustar* o con la forma apropiada del pronombre de objeto indirecto.

Maite: A ver qué regalo de boda compramos para Lisa y Jaime. ¿Se te ocurre algo? (*Can you think of anything?*)

Elena: Sí, ¿_____ gusta la idea de comprarles unos CDs de música alternativa?

Maite: No sé. Lo típico es comprarles algo para la casa. ¿Te _____ estas tostadoras?

Elena: ¡No, qué horrible! Me parece un regalo poco personal. A ver, ¿_____ gusta este nuevo iMac?

Maite: Mira, Elena, no vamos a comprarles un ordenador.

Elena: Ya, y ¿_____ gusta esta manta de algodón?

Maite:	No, no _____ gusta mucho. ¿Y qué te parece esta mecedora? ¿Te _____ a ti?
Elena:	Sí, me _____ mucho, pero lo que no me _____ es el precio. ¡Cuesta $300 dólares!
Maite:	Tienes razón, es muy cara y además en la mecedora sólo se puede sentar una persona. ¡Ah! ¡Ya sé! Mira, ¿Qué te parecen estos vasos de cristal? A mí me _____ mucho y seguro que a Lisa y a Jaime también _____ van a gustar mucho.
Elena:	Sí, me parece una buena idea y además no son demasiado caros.

❷ Actividad 5-8 ¿Qué le gusta?

Prepárense para expresar en español su opinión sobre los siguientes temas.

Paso 1

- Primero, lean las instrucciones y los temas de los que van a hablar con su compañero/a. Después, escriban algunas palabras que recuerden sobre bebidas, comida, ropa, viajes, libros y tecnología. Pueden usar el diccionario.

Paso 2

- Ahora ya están preparados para hablar sobre sus gustos en español. Los dos estudiantes tienen que dar su opinión sobre cada tema. Hagan más preguntas (*follow-up questions*) sobre los gustos de su compañero/a.

Usen el verbo *gustar* siguiendo el modelo.

EXPRESIONES UTILES

¡A mí también me gusta eso!	*I like that too!*
¿En serio?	*Really? Are you serious?*
¡Qué coincidencia!	*What a coincidence!*
¡Qué guay!/ ¡Qué chévere!/ ¡Qué suave!	*How cool!*
¡Qué bien!/ ¡Qué bueno!/¡Magnífico!	*Great!*
¡Qué interesante!	*How interesting!*

Modelo: joyas
Estudiante 1: ¿Te gusta llevar muchas joyas?
Estudiante 2: Sí, me gusta llevar joyas.
Estudiante 1: ¿Cuáles?
Estudiante 2: Por ejemplo, anillos, aretes, colgantes... ¿Y a ti? ¿Te gusta llevar joyas?
Estudiante 1: No, no me gustan mucho las joyas. Sólo llevo un anillo y...

1. comida rápida
2. comprar ropa
3. viajar
4. la tecnología
5. leer libros

Actividad 5-9 Improvisemos

Personajes: Un/a dependiente/a y dos clientes

Situación: Es el cumpleaños de _____ y quieren comprarle un regalo especial.

• En la tienda el/la dependiente/a les ofrece varias ideas. Expresen sus preferencias y gustos.

Superlativos

Angela ha recibido otra carta de amor de su admirador secreto. Léala atentamente.

> Mi adorada Angela:
>
> Anoche te vi y de nuevo no pude hablar contigo (<u>with you</u>). Te observaba desde lejos y no podía ni saludarte. Creo que soy el hombre más cobarde que conoces y tú eres la mujer más bonita y simpática que he conocido. Me encantan tus ojos, tu sonrisa, tu pelo, tu forma de hablar, de bailar... Pronto voy a llamarte y decirte quién soy. Tienes derecho a saberlo. Tuyo siempre,
>
> Tu admirador secreto.

Angela's letter reveals a number of superlatives. Write them down below:

_____

_____

_____

_____

Observe the structures carefully and you will notice that regular superlatives follow a pattern. Write that pattern below:

_____ + _____ + _____ + _____

Take the following elements and add any additional words in order to make them superlative phrases.

El admirador es/hombre/sentimental.　　_____

El admirador escribe/cartas/románticas.　_____

El admirador es/persona/cariñosa.　　　_____

$$el/la/los/las + sustantivo \ + \ \begin{bmatrix} más \\ menos \end{bmatrix} + \ adjetivo$$

There is one other thing that you will need to remember about superlatives.

   Modelo: Angela is la mujer más bonita del mundo.

   Notice that the preposition used in these types of examples is "de."

Actividad 5-10 ¿Quién es la más simpática?

Paso 1

● Escriban oraciones superlativas basadas en las características de sus compañeros de clase. Quizá sea necesario hacerles preguntas para saber la siguiente información.

Modelo: simpático/a
Jennifer es la chica más simpática de la clase.

1. alto/a _____

2. la ropa bonita _____

3. el pelo largo _____

4. el pelo corto _____

5. la camisa llamativa _____

6. la mochila pesada (*heavy*) _____

7. el horario complicado _____

8. un/a novio/a romántico/a _____

Paso 2

● Comparen sus respuestas.

Actividad 5-11 ¿Cómo son?

● Mire los dibujos de Maite, Elena y Lisa. Escriba por lo menos diez frases con comparaciones o superlativos.

Modelo: Maite tiene el pelo más largo de todas.

G Actividad 5-12 El anuario de la clase de español

● Imaginen que son miembros del comité encargado del anuario (*yearbook*) para su universidad. Resalten las mejores características de sus compañeros de clase de español. Escriban por lo menos diez frases y utilicen los superlativos.

Actividad 5-13 ¡A jugar!

● La clase debe dividirse en tres equipos. La profesora/el profesor va a elegir a tres estudiantes de cada grupo para que participen a la vez. Los tres estudiantes pueden ser contrastados o también pueden recibir un objeto. Mientras tanto, los otros estudiantes de su grupo tienen que escribir una frase superlativa apropiada para cada ejemplo u objeto. ¡Tienen que ser rápidos para que su equipo gane!

Vocabulario

el (ordenador) portátil
el usuario
la pantalla o el monitor
el cibernauta/ el internauta
el teclado
el PDA
el ratón
el enchufe
los cables
la fotocopiadora
la impresora
el (teléfono) móvil

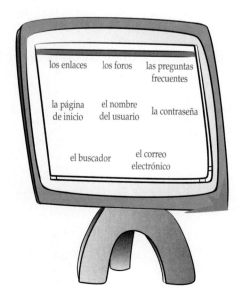

los enlaces
los foros
las preguntas frecuentes
la página de inicio
el nombre del usuario
la contraseña
el buscador
el correo electrónico

los enlaces = links
los foros = chat rooms
las preguntas frecuentes = FAQS
la página de inicio = home page
el nombre del usuario = username
la contraseña = password
el buscador = search engine
el correo electrónico = e-mail

Actividad 5-14 Crucigrama sobre la tecnología

- Rellene el crucigrama con la palabra que corresponda a las siguientes definiciones.

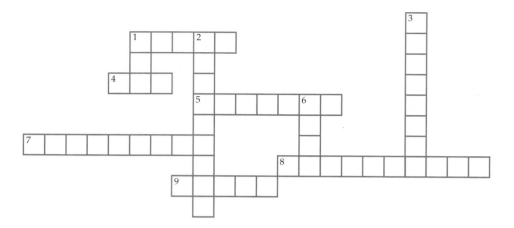

Vertical

1. la autopista de la información
2. una máquina electrónica con una memoria de gran capacidad que sirve para calcular, escribir y comunicarse gracias a su conexión con Internet
3. superficie donde se proyectan las imágenes de aparatos electrónicos
6. lugar en Internet donde se opina sobre temas de actualidad

Horizontal

1. un mando separado del teclado del ordenador que sirve para escribir o hacer gráficos en la pantalla
4. un ordenador/agenda digital que cabe en una mano
5. aparato de dos piezas que se encajan para establecer una conexión eléctrica
7. máquina que, conectada a un ordenador, imprime la información requerida
8. establecer contacto entre aparatos o sistemas
9. aparato telefónico inalámbrico que sirve para comunicarse a distancia

Actividad 5-15 ¿Qué importancia tiene la tecnología en su vida?

Paso 1

- ¿Qué aparatos usa con más frecuencia? Contesten individualmente.

	Nunca	A veces	Con frecuencia
un PDA	_____	_____	_____
una computadora	_____	_____	_____
un MP3	_____	_____	_____
una fotocopiadora	_____	_____	_____
un móvil	_____	_____	_____
el correo electrónico	_____	_____	_____
el mensaje instantáneo	_____	_____	_____

G Paso 2

- Compare sus respuestas con las de sus compañeros. Calculen los resultados para presentarlos a la clase.

G Actividad 5-16 Pictionary

- Divídanse en dos parejas; su profesor/a les va a dar por lo menos cinco tarjetas con palabras de vocabulario. Un estudiante del Equipo A toma una tarjeta y dibuja la palabra escrita para su compañero. El otro equipo mide el tiempo. Tienen un minuto. Túrnense para que todos tengan la oportunidad de dibujar y adivinar por lo menos una vez.

G Actividad 5-17 Aparatos inteligentes

Lea el siguiente párrafo sobre los electrodomésticos inteligentes. En su grupo, escriban una lista de las ventajas y desventajas de tener un refrigerador inteligente. Comparen sus respuestas con las de los otros miembros de la clase.

Electrodomésticos conectados a Internet

Neveras, lavadoras, lavavajillas, hornos microondas, aparatos de aire acondicionado... Todos pueden ahora comunicarse entre sí y con el mundo exterior a través de Internet y la telefonía móvil. Esta originalidad tecnológica, permite programar los y operar con ellos desde cualquier ordenador o móvil, sin necesidad de estar en casa.

AUDIO Actividad 5-18 ¿Qué le pasa a José?

El compañero de clase de Maite, José, se ha comprado un portátil y ahora ya no sale de casa. Maite y Elena están un poco preocupadas porque su amigo José se pasa todo el día delante del ordenador.

Paso 1

- Escuche atentamente la conversación entre Maite y Elena y después responda a las siguientes preguntas.

1. ¿Por qué no se puede hablar con José?

_____

2. ¿Para qué utiliza Maite Internet?

_____

3. ¿Y Elena? ¿Para qué usa ella Internet?

_____

4. ¿Qué propone Elena para lograr hablar con José?

_____

5. ¿Qué cree Maite que le ocurre a José?

_____

Paso 2

- Según la conversación de Maite y Elena, decida si las siguientes afirmaciones son verdaderas (V) o falsas (F).

1. José está todo el día enganchado al teléfono.   V / F

2. José tiene la nueva conexión de banda ancha para Internet.   V / F

3. A Maite le gusta usar Internet para mandar e-mails.   V / F

4. A Elena no le gusta mucho usar Internet; prefiere leer el periódico.   V / F

5. José ha conocido a una chica interesante en Internet.   V / F

Lectura temática

Actividad 5-19 Antes de leer

- Mire el dibujo a la derecha. ¿Cuál es el mensaje de la imagen?

Actividad 5-20 Unas preguntas

Paso 1

● Conteste a las siguientes preguntas.

1. ¿Qué hace cuando está aburrido/a?

_____

2. ¿Ha llevado su televisor a la universidad?

_____

3. ¿Cuál es su programa de televisión favorito? ¿Por qué?

_____

4. ¿Cuántas horas al día tiene encendido el televisor?

_____

5. ¿Cuántas horas al día ve la televisión?

_____

Paso 2

● Comparta sus respuestas con tres compañeros de clase.

Actividad 5-21 Cognados

● Adivine el significado de las palabras siguientes:

llamamiento _____

abstención _____

adictivos _____

costosa _____

iniciativa _____

catódica = cathodic
las aportaciones = contributions
fomentar = promote
ONG = Non-government Organization
plenas = full

La Red le invita a sumarse a «la semana sin ver la televisión»

Por Marta Arroyo

MADRID.–«Apague el televisor y encienda su imaginación». Con este llamamiento, un año más la organización estadounidense Adbusters invita a los internautas a practicar la abstención *catódica* durante una semana.

Desde 1994, esta asociación intenta convencer a los ciudadanos de que pueden sobrevivir sin ver las teleseries, los *docusoaps*, los concursos, las telenovelas, los *reality shows* y demás programas adictivos... al menos durante siete días.

Con las *aportaciones* de los usuarios, Adbusters ha comprado incluso 30 segundos en blanco de la programación de la CNN. Su costosa iniciativa pretende reforzar su teoría de la necesidad de una liberación colectiva de la pequeña pantalla. Como alternativa, propone dedicar el tiempo a pasear, leer o, simplemente, a charlar con los amigos. Quienes cuando llega el fin de semana no saben qué hacer sin tele, pueden participar en su foro.

La semana sin televisión es secun-dada por numerosos colectivos de distintos países. En España, Ecologistas en Acción intenta *fomentar* una reflexión sobre el papel cada vez más importante que juega este medio de comunicación en nuestras vidas. Según la *ONG*, «la reducción voluntaria y drástica del tiempo que pasamos frente al televisor (en España, el promedio se sitúa en 3 horas y media, por persona y día) permite vidas más *plenas*, saludables y participativas».

Actividad 5-22 Después de leer

● Conteste a las siguientes preguntas:

1. ¿Cuál es el mensaje de Adbusters?

_____

2. ¿Cuándo empezó esta iniciativa?

_____

3. ¿Cómo se llama el grupo de España que promueve la idea de una semana sin tele?

_____

4. ¿Cuántos minutos por semana miran los españoles la tele?

_____

5. ¿Por qué dicen que sin la tele las personas van a tener vidas más plenas?

_____

Ⓖ Actividad 5-23 ¿Lo sabía usted?

Paso 1

● Decida si las siguientes frases son verdaderas (V) o falsas (F).

1. Los jóvenes norteamericanos pasan 900 horas en la escuela frente a las 1.500 que se sientan frente al televisor. V / F

2. Teniendo en cuenta la vida entera de una persona, la televisión puede ocupar entre 12 y 15 años de su tiempo vital. V / F

3. Una encuesta realizada entre jóvenes españoles de 15 a 29 años concluía que la tele es el tercer artículo más importante en sus vidas, después de la casa y el coche. V / F

4. Estudios norteamericanos revelan que los padres hablan con sus hijos una media de 40 minutos semanales mientras que éstos dedican 1.680 minutos a ver la televisión. V / F

Paso 2

● Compartan sus respuestas con el resto de la clase. ¿Qué nos dicen estos datos sobre la importancia de la televisión en el mundo entero?

Ⓖ Actividad 5-24 Improvisemos

Situación: Imaginen que son padres de un niño/ una niña de ocho años. Su hija mira demasiado la televisión y ustedes han decidido participar en «la semana sin tele».
Personajes: Padres y un/a hijo/a

● Expliquen la situación a su hija/o y las normas de «la semana sin tele». Después piensen en varias actividades que puede hacer toda la familia en vez de mirar la tele.

Variación: Más tarde en la semana, el marido quiere mirar el campeonato de fútbol, pero él también ha prometido participar en la semana sin tele. El partido empieza a las 9:00 de la noche, media hora después de que se acuesta su hijo/a. La esposa cree que todos tienen que participar, mientras que el marido cree que solamente debe participar su hijo/a.

- Escriban una conclusión original a la conversación entre los padres.

Actividad 5-25 Tome la iniciativa

- Si puede hacerlo, pase toda una semana sin ver la tele. Escriba al final de cada día una lista de las cosas que ha hecho en vez de ver la televisión.

Gramática

El futuro

In chapter two, we learned how to express the periphrastic future, *ir + a + infinitivo*. If you look at the illustrations, you will see that each person is daydreaming about what they will do later. This tense is called the simple future. There is one set of endings for *-ar*, *-er*, and *-ir* verbs in this tense and they will be attached to the infinitive form (except for some irregulars).

bailar			
yo	bailar**é**	nosotros	bailar**emos**
tú	bailar**ás**	vosotros	bailar**éis**
él, ella, Ud.	bailar**á**	ellos, ellas, Uds.	bailar**án**

In the spaces below, write out the conjugation for the verb *ser*. (This is completely regular in the future tense.)

ser	
_____	_____
_____	_____
_____	_____

Now write out the conjugation for the verb *vivir*.

vivir	
_____	_____
_____	_____
_____	_____

There are, of course, some irregular forms. As you will note from the example in the illustration above, the irregularity is to be found in the root to which you attach the future endings, not in the endings themselves.

tener			
yo	tendr**é**	nosotros	tendr**emos**
tú	tendr**ás**	vosotros	tendr**éis**
él, ella, Uds.	tendr**á**	ellos, ellas, Uds.	tendr**án**

IRREGULAR VERBS IN THE FUTURE

decir	dir-	querer	querr-
haber	habr-	saber	sabr-
hacer	har-	salir	saldr-
poder	podr-	tener	tendr-
poner	pondr-	venir	vendr-

Use of future

While a somewhat more formal way of expressing the future than the periphrastic form, this tense is used quite often in writing by educated speakers. The simple future may also be used to imply a command, e.g., ¡*Limpiarás tu cuarto!* "You will clean your room." You will also see the future used to imply probability, e.g., ¿*Quién estará llorando?* "I wonder who is crying?"

Actividad 5-26 ¿Qué harán?

- Mire los dibujos y después escriba qué hará cada persona en el futuro.

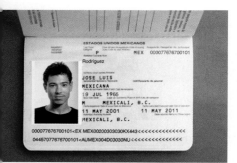

Actividad 5-27 ¿Qué hará el año que viene?

• Imagine que usted va a estudiar en México el año que viene. ¿Qué necesita hacer?

Escriba lo que hará antes de irse a México. Piense también en dos cosas más (números 8 y 9) que debe hacer antes de su viaje.

1. hablar con mi consejera

_____

2. investigar sobre varios programas

_____

3. charlar con otros estudiantes que han estudiado en México

_____

4. leer unos libros sobre México

_____

5. sacarme el pasaporte

_____

6. comprar el billete de avión

_____

7. escribir a la familia mexicana con la que viviré

_____

8. _____

9. _____

Actividad 5-28 Maite trabajará en la Oficina de Relaciones Internacionales

• Maite está muy contenta porque ha recibido una beca de colaboración en la Oficina de Relaciones Internacionales. La secretaria le está explicando a Maite el trabajo que hará en la oficina.

¿Qué hará Maite en la oficina?

1. contactar por e-mail a los estudiantes internacionales

Contactará por e-mail a los...

2. escribir cartas

3. preparar los folletos con información sobre la universidad

_____

4. leer la correspondencia

_____

5. saludar a los nuevos estudiantes

_____

6. enseñar el campus a los nuevos profesores internacionales

_____

7. preparar las solicitudes (*applications*) para los estudiantes internacionales

_____

8. contestar a todas las preguntas de los estudiantes internacionales

_____

9. confirmar las reservas para los estudiantes internacionales en las residencias universitarias

_____

NOTA CULTURAL

Mexico

Nombre oficial:	Estados Unidos Mexicanos
Gobierno:	República Federal
Area:	1.964.375 km^2
Población:	97.483.412
Lengua oficial:	Español (hay 66 lenguas indígenas)
Recursos naturales:	Petróleo, plata, cobre, oro, plomo, zinc, gas natural, madera
Capital:	México, Distrito Federal
Ciudades Importantes	Guadalajara, Monterrey, Puebla

Actividad 5-29 Ya llegan las vacaciones

Paso 1

- La familia Sánchez está muy contenta porque se va de vacaciones muy pronto. Va a ir a visitar a unos amigos que viven en México. A continuación hay una lista de lo que necesitan hacer antes de irse.

Escriban lo que harán en los próximos días antes de su viaje.

1. hacer la maleta *Harán la maleta.*

2. conseguir cheques de viaje _____

3. ir al banco _____

4. confirmar las reservas _____

5. comprar algunos regalos para sus amigos _____

6. llamar a la oficina de turismo _____

7. llamar a sus amigos _____

8. lavar la ropa _____

② Paso 2

- ¿Qué cosas preparan antes de un viaje? Imaginen que se van de vacaciones la semana que viene. ¿A dónde irán? ¿Qué harán antes del viaje?

Escriban al menos cuatro cosas que harán antes de irse de vacaciones.

Destino: _____

Medio de transporte: _____

«Antes de irnos de vacaciones...»

1. ... _____

2. ... _____

3. ... _____

4. ... _____

Ⓖ Actividad 5-30 ¿Cómo será el futuro?

Paso 1

- Piensen en libros o películas que muestran el futuro. Escriban los títulos de éstos.

_____

_____

_____

_____

Paso 2

- Compartan los títulos de estos textos o películas con el resto de la clase.
- ¿Cómo es la imagen del futuro de la mayoría de estos textos? ¿Positiva? ¿Negativa? ¿En qué aspectos son positivos? ¿En cuáles son negativos?

_____

_____

_____

_____

Paso 3

- ¿Cómo será el mundo en el siglo XXII (*22nd century*)? Escriban en grupo cinco predicciones del mundo futuro. Piensen en cómo serán los medios de transporte, los medios de comunicación, la comida, la ropa, las casas, etc.

  Modelo: En el siglo XXII, los coches volarán.

1. _____
2. _____
3. _____
4. _____
5. _____

Paso 4

- Escojan las tres mejores predicciones y preséntenlas a la clase. El resto de la clase debe decidir si las predicciones son probables o poco probables.

❷ Actividad 5-31 En el laboratorio de lenguas

Situación: ¡Un extraterrestre ha venido a la Tierra! El extraterrestre ha visto el futuro de nuestro planeta. El reportero/la reportera tiene todo tipo de preguntas sobre el futuro del planeta Tierra y también sobre la forma de vivir en el planeta del extraterrestre.

Personajes: Un/a reportero/a y un extraterrestre

Paso 1

- Piensen en un nombre original para el extraterrestre y para el nombre de su planeta. Escriban la entrevista y no olviden incluir una conclusión original a esta peculiar conversación.

Ⓖ Paso 2

- Después practiquen la conversación y preséntenla con otros dos compañeros.

Los pronombres de objeto indirecto

In reviewing the verb *gustar* we reviewed the indirect object pronouns briefly. Indirect object and indirect object pronouns are affected by the action implied by the verb phrase of the sentence in some way. When used with the verb *gustar*, you are expressing that something is pleasing *to* someone. When used with a verb such as *dar*, you are expressing that the indirect object is the recipient of something.

La secretaria le da las cartas.

The secretary gives her the letters.

The secretary gives the letters to her.

¡OJO

The English translation associated with the indirect object pronoun may require the addition of a preposition such as *to*, *for*, or *from* (although we won't see it in the Spanish version).

Earlier in this chapter we presented the forms of the indirect object pronouns. Write them down below for quick reference.

_____   _____

_____   _____

_____   _____

In the dialog in the cartoon strip above, there are a number of examples with indirect object pronouns. Go back and circle those constructions. You will note that the indirect object pronouns appear with verbs like *dar, escribir, demostrar,* and *hablar.* All of these verbs imply that there is an indirect object pronoun to/for whom something might be given, written, shown, or spoken.

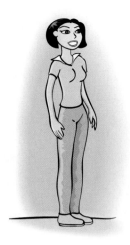

Diego me hablará sobre mi trabajo.	*Diego will speak to me about my work.*
Diego me ofrecerá pocas historias interesantes.	*Diego will offer me few interesting stories.*
Diego me dirá que no tengo talento.	*Diego will tell me that I am not talented.*

There is a tendency in Spanish to use the indirect object pronoun even when the indirect object is mentioned in the sentence.

Le hablaré a **Angela** sobre su trabajo.	*I will talk to Angela about work.*
No **le** diré a **Angela** que no es muy responsable.	*I will not tell Angela that she isn't responsible.*
Le daré a **Angela** toda la ayuda posible.	*I will give Angela every possible help.*

Position of indirect object pronouns

If you read over the dialog again, you will note that object pronouns can either appear before the conjugated verb of the sentence or may be attached to the infinitive or to the present participle.

Diego me va a hablar de mis responsabilidades.	*Diego is going to talk to me about my responsibilities.*
Diego va a hablarme de mis responsabilidades.	*Diego is going to talk to me about my responsibilities.*
Diego está hablándome de mis responsabilidades.	*Diego is talking to me about my responsibilities.*

¡OJO!

When the pronoun is attached to the present participle, you will need to add a written accent to *ándo* or *iéndo.*

Changing perspective

Remember that when you ask questions with indirect object pronouns, you will have to change the pronoun to change your perspective.

¿Puedes darme el dinero?	*Can you give me the money?*
Sí, puedo darte el dinero.	*Yes, I can give you the money.*
¿Quién me hará las fotocopias?	*Who will make me the photocopies?*
Yo le haré las fotocopias.	*I will make you the photocopies.*

Actividad 5-32 Diego habla con su jefe

● Diego le habla a su jefe, el señor Balboa, sobre su oferta de ser el nuevo editor jefe del periódico. Rellene los espacios en blanco con el pronombre apropiado.

Diego: Señor Balboa, necesito decir_____ que estoy muy contento con mi puesto como reportero del periódico.

Jefe: Lo sé Diego, pero hemos observado su trabajo y creemos que debemos ofrecer_____ algunos incentivos más. ¿Qué opina usted?

Diego: Me alegra saber que se valora mi trabajo y esfuerzo. ¿Puede

explicar_____ su oferta?

Jefe: Claro, necesitamos un hombre con su experiencia, un hombre que se ha ganado el respeto de sus colegas. En los quince años que usted ha

trabajado aquí, _____ ha demostrado ser un trabajador dedicado y serio. Estamos seguros de que usted es la persona adecuada para el puesto de editor jefe.

Diego: Me siento muy halagado (flattered), aunque debo repetir_____

que yo estoy muy contento con mi puesto de periodista. Ser editor jefe

_____ traerá muchas responsabilidades.

Jefe: Le comprendo, pero_____ subiremos el sueldo si está

dispuesto a aceptar estas responsabilidades. Primero, _____ prometemos que tendrá control editorial sobre el periódico. Segundo,

_____ aumentaremos el sueldo generosamente. Por último,

_____ regalaremos un coche nuevo.

Diego: Creo que, si es así, no puedo rechazar una oferta tan generosa. Ustedes

_____ han hecho una oferta única. Se lo agradezco.

Actividad 5-33 El viaje de los Sánchez

- Amelia y Mateo hablan sobre sus planes para el viaje. Siga el modelo reemplazando cada objeto indirecto con el pronombre adecuado.

Modelo: Mateo: ¿Has escrito a tu madre?
Amelia: Sí, ya le he escrito un e-mail.

1. Mateo: ¿Has avisado a las maestras de los niños sobre el viaje?

Amelia:_____.

2. Mateo: ¿Has pedido la guía de México a mi hermano Jaime?

Amelia:_____.

3. Amelia: ¿Has preguntado al mecánico si puede revisar el coche mientras estamos de vacaciones?

Mateo:_____.

4. Amelia: ¿Me has buscado los cheques de viaje?

Mateo:_____.

5. Amelia: ¿Hemos dado el número de teléfono de nuestros amigos a mi madre?

Mateo:_____.

Verbs like *gustar*

Below is a list of verbs that work just like *gustar*.

encantar	*to love*	interesar	*to interest*
fascinar	*to fascinate*	molestar	*to bother*
importar	*to be important*	parecer	*to seem/to appear*

A Angela le molesta Diego.

Diego bothers Angela.

A Claudia le parece que Diego será un buen editor para el periódico.

It seems to Claudia as if Diego will be a good editor for the newspaper.

A Diego le interesa saber las ventajas de su nuevo puesto.

Diego is interested in knowing about the advantages of his new position.

NOTA CULTURAL

España tiene muchos periódicos prestigiosos. El más viejo es el *ABC*, el más vendido es *El Pais*. Otros periodicos importantes son: *El mundo y La Vanguardia*.

Actividad 5-34 ¡A practicar!

● Escriba frases completas con los siguientes elementos:

1. a mí/parecer/la clase de español/ser fascinante

_____

2. a nosotros/importar/ la invención de Internet

_____

3. a ti/fascinar/los avances tecnológicos

_____

4. a la profesora/interesar/nuestras opiniones

_____

5. a Shakira/(no) gustar/comer/ remolachas

_____

6. a mí/ encantar/ las novelas policíacas

_____

7. a nosotros/gustar/viajar a países extranjeros

_____

8. a Elena/interesar/los chismes.

_____

¡A escribir!

For this writing assignment you will pretend to be a person from the past who gets transported in time to visit the present day. Your task will be to describe this person's reaction to the world. Write your short essay from the perspective of the

Cristóbol Colón

Frida Kahlo

Simon Bolívar

character that you have chosen, using the first person in your narrative. Remember to try to keep to the present tense or to the present perfect. Be creative! The exercises below will help you brainstorm some ideas.

Actividad 5-35 ¿Qué personaje histórico le interesa?

Paso 1

- Escriba los nombres de cuatro personajes históricos del mundo hispano que le interesen.

_____
_____
_____
_____

Paso 2

- De estas cuatro personas, ¿quién le fascina más? ¿Por qué?

_____
_____
_____
_____

Paso 3

- Escoja a una de estas personas y escriba todo que sabe sobre él o ella.

_____
_____
_____
_____
_____
_____

Paso 4

● Busque más información sobre este personaje en la biblioteca o en Internet.

Actividad 5-36 ¿Cómo reaccionará?

● Escriba la reacción de su personaje al ver un coche, un teléfono, un McDonalds, un inodoro, etc.

_____

_____

_____

_____

_____

_____

Actividad 5-37 Primer borrador

● Escriba el primer párrafo del escrito pensando primero en una descripción básica de la figura histórica que ha escogido. Traiga el primer borrador del párrafo a clase.

Actividad 5-38 Segundo borrador

● Lea los comentarios de sus compañeros antes de continuar con la composición. ¿Quiere incluir sus comentarios? ¿Cómo va desarrollar (*develop*) el resto de la composición? ¿Qué otros puntos importantes quiere añadir (*add*)? ¿Cómo quiere concluirla? ¿Tiene el visitante unas sugerencias para nuestra generación? ¿Quiere el visitante quedarse en el presente en vez de volver al pasado? ¿Cómo puede llegar a una buena conclusión para la composición?

Actividad 5-39 Editando su composición

Lea la composición con cuidado tomando en cuenta los siguientes puntos.

❑ Ortografía
❑ Uso apropriado de *ser* y *estar*
❑ Uso apropriado de los verbos en el futuro
❑ Uso apropriado del presente perfecto
❑ Uso apropiado de los pronombres indirectos
❑ Uso apropiado de *gustar*
❑ Concordancia entre sujeto y verbo
❑ Concordancia entre sustantivos y adjetivos

Contextos

Ⓖ Actividad 5-40 Un invento

● En la foto se puede ver un aparato que es lavaplatos, horno y cocina todo en uno. En su grupo, combinen unos electrodomésticos o aparatos para inventar un aparato nuevo. Presenten su invento a la clase.

Actividad 5-41 Informes

● Imaginen que son algunos de los editores de la revista *Tiempo*. Quieren dedicar una portada de la revista a la invención del milenio. Cada editor va a escoger (después de consultar con el/la profesor/a) una invención de los últimos 1000 años para poner en la portada de *Tiempo*. Necesitan reunir información sobre este invento y decir por qué merece ser la invención del milenio.

Audiencia: Mientras los presentadores hablan, ustedes necesitan prestar atención para poder hacerles preguntas después de la presentación. Al final decidirán qué invento es el más significativo.

Vocabulario

Palabras asociadas con Internet

el buscador	search engine
el/la cibernauta/internauta	cybernaut/internaut
la contraseña	password
el correo electrónico	e-mail
los enlaces	links
los foros	chat rooms
la Internet	Internet
el nombre de usuario	username
la página de inicio	home page
las preguntas frecuentes	FAQs
la Red	WWW
el/la usuario/a	computer user

Máquinas modernas

el fax	fax machine
la fotocopiadora	photocopier
la fotocopia	photocopy
la impresora	printer

imprimir	to print
el (ordenador) pórtatil	laptop computer
PDA	Personal Digital Assistant
el (teléfono) móvil	cell phone

Conectándose

acceder	to access
el acceso	access
los cables	cables
conectarse	to connect
el enchufe	electrical socket
enchufar	to plug in
inalámbrico/a	wireless
el inalámbrico	cordless phone
el mensaje instantáneo	instant messenger
la pantalla/el monitor	computer screen
el ratón	mouse
el teclado	key board
la tecla	key

Capítulo 6

Linguistic functions

- Narrating a series of events

Structural focus

- Stem-changing verbs in the preterit, irregular preterit, direct object pronouns, and double object pronouns

Review

- Equal comparisons and regular preterit

La vida loca

Lluvia de ideas

G Actividad 6-1 ¿Qué ven?

Paso 1

● Examinen las fotos y describan lo que ven en cada una.

Foto 1: _____

_____

_____

Foto 2: _____

_____

_____

Foto 3: _____

_____

_____

Foto 4: _____

_____

_____

Paso 2

● Escriban una serie de razones para explicar cada foto.

Foto 1: _____

Foto 2: _____

Foto 3: _____

Foto 4: _____

Paso 3

● Ahora escriban una historia según las imágenes de las fotos anteriores.

_____
_____
_____
_____
_____
_____
_____

Paso 4

● Por último, escriban un título original para su relato.

_____

Ⓖ Actividad 6-2 Compartan los relatos

● Túrnense para leer su relato a sus compañeros. ¿Qué puntos en común tienen sus historias? ¿Qué aspectos son diferentes?

Ⓖ Actividad 6-3 Fuera de lo normal

● Cuando ocurre algo fuera de lo normal en nuestras vidas, ¿cómo nos sentimos?

_____
_____

Actividad 6-4 ¡Qué locura!

Paso 1

● Escriba una lista de locuras que usted haya hecho durante su vida. No tiene que dar una descripción detallada. Tan sólo mencione qué locura hizo, por ejemplo, «el paracaidismo (*skydiving*)».

_____

_____

_____

_____

_____

Paso 2

● Describa cómo se sintió cuando hizo esa locura.

_____

_____

Ⓖ Actividad 6-5 ¿Quién está más loco/a?

Paso 1

● Comparen sus locuras en el grupo y escojan la más original o la más divertida. Den toda la información posible sobre esta locura: ¿Con quién estaban? ¿Cuándo? ¿Dónde fue? ¿Cómo se sintieron?

Paso 2

● Ahora escriban esta aventura como si fuera una historia de ficción. Pueden añadir (*add*) aspectos o personajes peculiares para hacerla más interesante y original.

Paso 3

● Por último, comparen la versión inventada de la historia con la versión verdadera.

NOTA CULTURAL	
Puerto Rico	
Nombre oficial:	Estado libre asociado de Puerto Rico
Gobierno:	Estado libre asociado
Población:	3.957.988
Area:	9.104km^2
Capital:	San Juan
Ciudades importantes:	Bayamón, Ponce, Carolina, Caguas, Mayaguez
Himno nacional:	La Borinqueña
Industrias importantes:	Farmacéuticas, electrónica, ropa, turismo

PUERTO RICO

AUDIO **Actividad 6-6** ¡Maite y Elena se han vuelto locas!

Maite y Elena fueron a Puerto Rico para visitar a sus amigos Sandra y Dani. Ahora están en casa de sus amigos planeando lo que harán durante la semana.

VOCABULARIO UTIL	
arriesgado	*risky, dangerous*
puenting	*bungee-jumping*
emocionante	*exciting*

Paso 1

- Escuche atentamente la conversación entre ellos y conteste a las siguientes preguntas.

1. ¿Cómo ha sido el viaje a Puerto Rico de Maite y Elena?

_____

2. ¿Qué actividades se pueden hacer en Puerto Rico, según lo que menciona Dani?

_____
_____

3. ¿Cuál es la reacción de Sandra y Dani ante la idea de ir a hacer *puenting*?

_____

4. ¿Qué deciden hacer al final? ¿A dónde van a ir? Explíquelo en detalle.

_____
_____

Paso 2

Decida si la siguiente información es verdadera (V) o falsa (F).

1. El viaje era largo, pero a Maite y a Elena les ha parecido corto.   V / F

2. Maite y Elena hablaron mucho durante el viaje.   V / F

3. Sandra propone al resto hacer algo muy arriesgado ese fin de semana.   V / F

4. Esa noche van a ir a un restaurante muy extravagante.   V / F

5. Todos los amigos acuerdan ir a hacer puenting muy pronto.   V / F

Paso 3

- ¿Y ustedes? ¿Han ido a hacer *puenting*? ¿Les gustó? ¿Es arriesgado? Pregunten a sus compañeros de clase si han hecho *puenting* alguna vez.

_____

Capítulo 6   La vida loca

Sí, recuerdo

Repaso de gramática

Este apartamento no es tan grande como el otro.

Ya, pero tampoco es tan caro.

Mira, además éste tiene una vista tan bonita como el otro.

Pues sí, eso sí; la vista panorámica es tan bonita como la del otro. Oye, ¿y este apartamento está tan cerca del metro como el otro?

Equal comparisons of adjectives and adverbs

The dialog in the comic strip illustrates an example of an equal comparison, or a *comparación de igualdad*. Using the dialog as a model, write the pattern for forming an equal comparison below.

_____ + _____ + _____

Equal comparisons of nouns

Comparing like nouns is similar to comparing like adjectives and adverbs. However, rather that using *tan*, you will need to use a form of *tanto*. Since *tanto* will be modifying a noun, how will it change if the noun is feminine, e.g., *casa*? _____ Write down two other forms of this word that you might use depending on the nature of the noun that it is modifying. _____
_____

Tanto como

On occasion, *tanto como* will stand by itself as you can observe in the following examples.

Es obvio que a Lisa no le gusta el nuevo apartamento tanto como a Jaime.
It's obvious that Lisa does not like the apartment as much as Jaime.

Jaime no va a estar en casa tanto como Lisa porque viaja mucho.
Because Jaime travels a lot, he will not be at home as much as Lisa.

A Lisa le parece importante tener un apartamento grande; a Jaime no le importa tanto.
A large apartment is important to Lisa; it doesn't matter as much to Jaime.

You will note that in the last example *tanto* stands without *como*. Why do you think that might be? (Hint: Examine the previous examples. What usually follows *como* is absent in the last example. ¡OJO! One can say, *A Jaime no le importa tanto el tamaño del apartamento.*)

_____

_____

Actividad 6-7 Compare los apartamentos

Lea la siguiente información sobre el nuevo apartamento de Lisa y Jaime en comparación con el viejo que tenían.

Nuevo apartamento

Está a 3 cuadras del metro.

Tiene dos habitaciones.

Tiene muchas ventanas.

Viene con refrigerador, cocina y horno.

Tiene 95m^2.

Viejo apartamento

Está a 4 cuadras del metro.

Tiene dos habitaciones.

Tiene muchas ventanas.

Viene con refrigerador, cocina, horno, microondas y lavavajillas.

Tiene 120m^2.

● Según la información de arriba escriba comparaciones de igualdad y de desigualdad sobre los apartamentos.

Modelo: El nuevo apartamento tiene tantas habitaciones como el viejo.

tan	+	*adjetivo* / *adverbio*	+	*como*
tanto/a/os/as	+	*sustantivo*	+	*como*

Actividad 6-8 Comparaciones

● Escriba una serie de comparaciones de igualdad.

> *Modelo: Tom Cruise y Brad Pitt*
> *Tom Cruise es tan guapo como Brad Pitt*

1. Julia Roberts y Cameron Díaz

_____

2. Rosie y Oprah

_____

3. Shakira y Gloria Estefan

_____

4. el café y el té

_____

5. la pizza y las hamburguesas

_____

6. nadar y esquiar

_____

7. el chocolate y el helado

_____

8. una manzana y una naranja

_____

❷ Actividad 6-9 Escogiendo un apartamento

● A continuación hay algunos anuncios de apartamentos. Escriban una serie de comparaciones (de igualdad y de desigualdad) sobre ellos.

APARTAMENTO 2° PISO, 3 HAB./ 2 BAÑOS, BALCON Y 2 plazas de garaje. INCLUYE NEVERA, LAVADORA, SECADORA, calefacción central y aire acondicionado. Alquiler €1050.

1 habitación, 1 baño, balcón, aire acondicionado, ventilador en la sala, 2 escritorios pequeños. Cocina amueblada: vitrocerámica, horno, microondas, nevera. A sólo 5 minutos de la Plaza Central, 350€. No incluye agua ni luz.

Apt. 1 hab., 1 baño, cocina, balcón con vista panorámica, nevera, vitrocerámica, lavadora/secadora, ventilador en cada cuarto. 540€/mes.

Bonita vivienda de reciente construcción. Jardines y piscina comunitaria. 4 cuartos, 2 baños, cocina amueblada, 1 plaza de garaje, aire acondicionado centralizado, portero. Cerca del metro. 962€/mes.

Preterit Tense

Mi adorada Angela:

Ayer hablamos un rato cuando te vi en la oficina.
Fue reconfortante oír tu voz y pasé todo el día
contento. Casi no pude controlar mis emociones al
oírte hablar conmigo. ¿Pensaste en tu admirador
secreto? ¿Hablaste con tus amigas sobre tu hombre
misterioso? ¿Leíste de nuevo las cartas que te
mandé? Sin ti parece que me faltara el oxígeno.
Pronto te diré quién soy.

Te adoro,

Tu admirador secreto.

The preterit tense is a way for us to talk about what has happened in the past. In the letter above you will find various examples of the preterit. Write the verbs that appear in the preterit in the letter next to the appropriate pronoun.

Pronoun	Verb	Verb	Verb	Verb	Verb	Verb	Verb
yo	___	___	___	___	___	___	___
tú							
él/ella, Ud.							
nosotros	hablamos						
vosotros							
ellos, ellas, Uds.							

Do you remember the rest of the conjugations? If so, write them into the table above. If you are having difficulty remembering, the –ar, –er, and –ir conjugations in the preterit are presented below.

–ar verbs

yo	charlé	nosotros	charlamos
tú	charlaste	vosotros	charlasteis
él, ella, Ud.	charló	ellos, ellas, Uds.	charlaron

–er/–ir verbs

yo	escribí	nosotros	escribimos
tú	escribiste	vosotros	escribisteis
él, ella, Ud.	escribió	ellos, ellas, Uds.	escribieron

Actividad 6-10 ¿Quién podrá ser el admirador?

- Lea la conversación entre Angela y Claudia sobre la nueva carta que ha recibido de su admirador secreto. Escriba el verbo apropiado en el pretérito.

Angela: Claudia, mi admirador secreto me (mandar) _____ otra carta esta mañana.

Claudia: ¡Vaya! ¿Otra? ¿Te (revelar) _____ su identidad?

Angela: No, pero (escribir) _____ que pronto me diría (*would tell*) su nombre.

Claudia: Pero, dime, ¿qué frases románticas (escribir) _____ tu gran admirador esta vez?

Angela: Pues, me ha escrito algunas muy románticas, pero lo más importante es que dice que el otro día él mismo (*he himself*) (hablar) _____ conmigo.

Claudia: ¿En serio? Entonces, si él te (llamar) _____ es fácil identificar quién es, ¿no?

Angela: No te imaginas con la cantidad de gente que (charlar) _____ en un día. Mira, por la mañana (trabajar) _____ en la oficina y allí me (llamar) _____ por teléfono hasta diez personas, incluso el mecánico que (arreglar) _____ el coche.

Claudia: Ojalá que no sea el mecánico.

Ⓖ Actividad 6-11 ¿Quién hizo qué el fin de semana pasado?

Paso 1

- Su instructor va a dividir la clase en tres grupos grandes. Dentro de su grupo, lean todas las actividades de la siguiente lista y decidan en cada grupo qué estudiantes de los otros grupos hicieron cada actividad el fin de semana pasado.

Lista de actividades

1. ir al cine
2. estudiar español
3. dormir mucho
4. hacer deporte

5. ir a casa a ver a la familia

6. conocer a una persona interesante

7. hacer una locura: algo arriesgado o peligroso

8. leer un libro

9. Comprar algo por en Internet

Paso 2

● Pregunten a los compañeros de otros grupos si hicieron las actividades anteriores. ¿Conocen bien a sus compañeros?

Actividad 6-12 Firme aquí

A continuación hay una lista de actividades. Pregunte a sus compañeros de clase si hicieron estas actividades *este año*; si dice «Sí», escriba el nombre del/de la estudiante.

Actividad	Nombre
hacer un viaje	
viajar en avión	
marearse en un viaje	
sacarse un pasaporte	
comprar un billete de tren	
visitar un país extranjero	
alquilar un coche	
pasar la noche en un hotel	

❷ Actividad 6-13 ¿Qué hiciste ayer?

Paso 1

● Pregunte a su compañero/a de clase sobre lo que hizo ayer. Utilice los verbos sugeridos y formule preguntas completas sobre cuándo hizo la actividad, con quién, etc.

1. levantarse _____

2. desayunar _____

3. asistir a clases _____

4. estudiar _____

5. hacer deporte _____

6. leer _____

7. mirar _____

8. charlar _____

Paso 2

- Haga un resumen de las actividades que hizo ayer su compañero/a y preséntelo a la clase.

ⓖ Actividad 6-14 Excusas ridículas

- Lean las siguientes situaciones y piensen rápidamente en una excusa.

Modelo: *No tienes la tarea para la clase de español.*
Mi perro se la comió.

1. No han pagado la electricidad y les van a cortar la luz.

_____

2. Su novio/a le ha visto con otro/a hombre/mujer.

_____

3. Al pagar la cuenta en un restaurante, se da cuenta de que no tiene su cartera.

_____

4. Llega a casa a las tres de la madrugada y su padre le está esperando.

_____

5. La computadora de su amigo está rota en el piso del cuarto.

_____

6. Es el cumpleaños de su madre y todavía no le ha comprado nada.

_____

Vocabulario

Un diá de Compras muy accidentado

Mi historia empieza en El Corte Inglés cerca de las Ramblas de Barcelona.

Mis compañeros y yo estábamos planeando ir de camping y necesitábamos comprar algunas cosas, así que yo me ofrecí a ir a comprarlas. <u>Primero</u> entré en el ascensor para ir al cuarto piso porque es donde tienen todo lo necesario para ir de camping. Necesitaba comprar un saco de dormir , una tienda de campaña y un pequeño bote inflable . <u>En dos minutos</u>, llegué al cuarto piso. <u>Lo primero</u> que hice fue hablar con el dependiente para que me aconsejara. <u>Después de</u> hacer mis compras, fui hacia los ascensores ya que llevaba mucho peso . Como había una cola muy larga delante de los ascensores, decidí tomar la escalera mecánica . Pero al llevar tanto peso perdí el equilibrio y se me cayó un paquete. Yo no me di cuenta <u>entonces</u>, pero se me había caído el bote inflable . El bote se enganchó en la escalera y en cuestión de segundos se infló y me hizo caer. <u>Entonces</u>, los otros paquetes volaron por el aire <u>hasta</u> aterrizar encima de dos señoras y no sé cómo, pero yo terminé bajando las escaleras dentro del bote a tal velocidad que llegué al siguiente piso. De repente, el bote se paró en seco y yo fui a parar a la sección de perfumería. . ¡Qué desastre! Había ido de compras al Corte Inglés y salí en ambulancia oliendo a mil perfumes diferentes . <u>Al final</u>, decidí que ir de camping podía ser demasiado peligroso y me eché atrás. Ahora el bote inflable, el saco de dormir y la tienda descansan en paz en mi garaje . Lo bueno es que me enteré de que las señoras se recuperaron rápidamente .

¡Socorro!

ayudar

rescatar · el rescate · salvar

el incendio/el fuego

el extintor

el coche de bomberos

la escalera · el bombero

la mujer policía

el paramédico   la ambulancia

el vigilante/el socorrista   el salvavidas

Emociones

cómico/a   gracioso/a

chistoso/a   el chiste

sorprendido/a   la sorpresa

curioso/curiosa   la curiosidad

horrible   el horror

con cara de asco   el asco

PALABRAS QUE AYUDAN CON EL ORDEN CRONOLOGICO

al principio	*at the beginning*	después (de)	*after*
primero	*first*	al final	*at the end*
entonces, luego	*then*	por fin, finalmente	*finally*
antes (de)	*before*		

Actividad 6-15 Una definición

● Escriba una definición en español de las siguientes palabras.

1. el/la bombero

_____

2. el/la socorrista

_____

3. el policía

_____

4. una escalera

_____

5. una ambulancia

_____

6. el/la paramédico

_____

7. la tienda

_____

8. el ascensor

_____

Actividad 6-16 Sopa de letras

● Encuentre las siguientes palabras en la sopa de letras.

fuego	almacén	curioso	después	sorpresa	asco
tienda	finalmente	antes	raro	salvar	por fin

S	L	P	T	I	E	N	D	A	B
O	Z	A	S	C	O	D	E	L	O
R	A	R	O	U	S	P	S	M	N
P	N	A	L	R	A	O	P	A	F
R	T	M	O	I	L	R	U	C	U
E	E	E	F	O	V	F	E	E	E
S	S	D	E	S	A	I	S	N	G
A	O	I	C	O	R	N	A	L	O
F	I	N	A	L	M	E	N	T	E

Actividad 6-17 ¿Qué está ocurriendo?

● Mire el dibujo y describa lo que está ocurriendo en español.

_____

_____

_____

_____

AUDIO Actividad 6-18 ¡Qué anécdota tan curiosa!

Maite está en la habitación leyendo una revista en Internet. Ha encontrado un reportaje muy interesante sobre la historia de los inventos. Escuche cómo lee a su compañera de cuarto Elena uno de los artículos. Después responda a las siguientes preguntas.

VOCABULARIO UTIL			
la guarnición	*side dish* (in this context); *garnish*	exigente	*demanding*
grueso/a	*thick*	estar harto/a	*to be fed up*
dar el visto bueno	*to approve*	tenedor	*fork*

Paso 1

● Escuche atentamente el artículo que ha leído Maite en Internet y después responda a las siguientes preguntas:

1. Maite no menciona el título del artículo que acaba de leer. ¿Cuál sería un buen título?

_____

2. ¿Cuándo surgió este invento? ¿Dónde?

_____

_____

3. Describa cómo es la personalidad del cliente en el restaurante y explique por qué.

_____

_____

4. ¿Qué hizo el chef para contentar al cliente?

_____

_____

Paso 2

● Decida si las siguientes afirmaciones sobre el artículo son verdaderas (V) o falsas (F).

1. Las patatas fritas se inventaron como consecuencia de un enfado en un restaurante.   V / F

2. El cliente se quejó porque las patatas estaban quemadas y sosas.   V / F

3. El chef no tuvo mucha paciencia ante las quejas del cliente.   V / F

4. El chef frió las patatas tan finas que se tenían que comer
con la mano.   V / F

5. Al cliente no le gustaron tampoco las últimas patatas y se fue
del restaurante enfadado.   V / F

Lectura temática

Actividad 6-19 Antes de leer

● Lea solamente los titulares de los siguientes artículos e imagine cuál es la
historia de cada uno. Escriba un breve párrafo relacionado con el titular de
cada artículo.

_____

_____

_____

_____

Actividad 6-20 Cognados

● A continuación hay una lista de cognados. Escriba su definición en español.

literalmente _____

atrapar_____

liberar _____

incidente _____

alcoholizado _____

conferencia _____

supuestamente_____

suspendida _____

el juez _____

acusaciones_____

salvar _____

conductor _____

la batería _____

La curiosa historia del hombre pegado al teléfono.

pegado = stuck
metió = stuck
dedo = finger
bomberos = firefighters
para colmo = to top it all off
concurrida = crowded
empresa = company

MADRID—Muchos nos quedamos pegados al teléfono hablando con la familia, los amigos, pero este señor se quedó literalmente *pegado* al teléfono durante tres horas. Resultó que *metió* un *dedo* en el aparato y ahí quedó atrapado hasta que *los bomberos* vinieron a sacarlo del teléfono público.

Para colmo, el hombre estaba en una cabina telefónica de una zona de bares muy *concurrida* y unas 200 personas que salían de los bares empezaron a *hacer bromas* mientras los bomberos trataban de liberar el dedo. Finalmente hubo que esperar la llegada de un representante de la *empresa* Telefónica que vino desde una ciudad cercana para poner fin al incidente.

Dos alemanes ebrios en busca del baña acaban en Moscú

rumbo a = destined for
de gratis = free
lograron = achieved
la cárcel = jail

FRANKFURT—Dos hombres alemanes totalmente alcoholizados fueron a buscar el baño durante una conferencia en el aeropuerto de Frankfurt y nadie sabe cómo pero terminaron embarcando en un avión *rumbo a* Moscú.

"Subieron y se sentaron en la parte posterior del avión que los llevó a Moscú." Como era de esperar no llevaban el pasaporte encima así que al llegar a Moscú la policía los puso directamente de vuelta en un vuelo a Frankfurt. Al llegar a la ciudad alemana la policía federal los detuvo por irse *de gratis* en un avión.

Se ignora si *lograron* su cometido inicial, encontrar el servicio, o tuvieron que esperar a su llegada a *la cárcel* alemana.

La estudiante que practicó *brujería* para hechizar a un profesor

brujería = witchcraft
una preparatoria = preparatory (prep) school
hechizar = to cast a spell on

OKLAHOMA CITY, ESTADOS UNIDOS—En *una preparatoria* de Oklahoma una estudiante de quince años fue suspendida supuestamente por *hechizar* a un profesor para que se enfermara, según informaron los abogados de la joven el pasado viernes.

Por su parte, el padre de la joven estudiante comentó lo siguiente: "Parece mentira que en pleno siglo XXI tenga que presentarme ante el juez para defender a mi hija de las ridículas acusaciones de brujería hechas por su propia escuela".

Actividad 6-21 Después de leer

● Indique si las siguientes afirmaciones son verdaderas (V) o falsas (F) y después explique su respuesta.

1. Un empleado de la empresa Telefónica liberó el dedo del señor que se había quedado pegado al teléfono.   V / F

2. Para liberar al hombre pegado al teléfono tuvieron que cortarle el dedo.

V / F

3. Los borrachos que querían ir al baño en Frankfurt aparecieron en el aeropuerto de Moscú.

V / F

4. Detuvieron a los dos borrachos cuando volvieron a Frankfurt.

V / F

5. En una escuela secundaria de Oklahoma suspendieron a una joven durante dos semanas por practicar brujería.

V / F

6. El profesor del instituto se enfermó supuestamente a causa de la brujería que practicó la alumna.

V / F

Ⓖ Actividad 6-22 ¡Qué raro!

● Miren el dibujo a la derecha e inventen una breve historia que explique la situación que se ilustra.

② Actividad 6-23 En el laboratorio de lenguas

● Hoy en día, mucha gente lee las noticias en Internet porque los periódicos más importantes de cada país tienen su página web. Miren uno de los periódicos de la siguiente lista de periódicos hispanos y escojan un artículo curioso e interesante. Después hagan un resumen del artículo para presentarlo en clase.

www.prensalatina.com

www.cnnenespañol.com (Estados Unidos)

www.lanacion.com.ar (Argentina)

www.elpais.es (España)

www.cronica.com.mx (México)

www.periodistadigital.um

Gramática

Verbos con cambio de raíz

Most of the stem-changing verbs that you have already studied will behave like the other regular verbs of the –ar, –er, and –ir conjugations. They do not demonstrate stem change in the preterit.

Me senté a la mesa para desayunar.
I sat at the table to eat breakfast.

Mateo se despertó a las 9:00.
Mateo awoke at 9:00.

Angela y Claudia encontraron otra pista en la carta misteriosa.
Angela and Claudia found another clue in the misterious letter.

However, there is a small set of –ir stem-changing verbs that will exhibit the stem change. Read through the examples below and determine in what forms the change is occurring.

Maite y Elena pidieron helado después de cenar.
Maite and Elena ordered ice cream after dining.

José durmió diez horas anoche porque el día anterior estuvo en Internet hasta tarde.
José slept for ten hours last night because the day before he was on the Internet until late.

Amelia se vistió rápidamente para ir a la oficina.
Amelia dressed quickly to go to the office.

—«¿Serviste el vino tinto que me regalaste en la cena?»—le pregunta Maite a Sandra.
"Did you serve the red wine that you gave me at dinner?"...; Maite asked Sandra.

«Lisa y yo preferimos una boda extravagante.»—le explicó Jaime a sus amigos.
"Lisa and I prefer a grand wedding," explained Jaime to his friends.

«Sugerí ir a hacer *puenting*, pero a nadie le gustó la idea»—dijo Elena.
"I suggested that we go bungee-jumping, but nobody liked the idea," said Elena.

The stem change occurs in what parts of the conjugation?

_____   _____

Verbs that exhibit this stem change in the preterit are often listed in manuals and dictionaries in the following way: *sentir (ie, i), morir (ue, u), pedir (i, i)*. The first vowel(s) of the parenthesis tells you that the stem exhibits that change in the present tense. The second vowel indicates that there will be a change in the preterit in the third person singular and plural. Below are common *–ir* verbs that exhibit a stem change in the preterit.

(ue, u)		**(ie, i)**		**(i, i)**	
morir	*to die*	mentir	*to lie*	pedir	*to request*
dormir	*to sleep*	preferir	*to prefer*	servir	*to serve*
		sentir	*to feel*	seguir	*to follow*
		divertirse	*to amuse oneself*	repetir	*to repeat*
		sugerir	*to suggest*	despedir	*to fire*
		repetir	*to repeat*	despedirse	*to say goodbye*

Verbos en el pretérito con cambios ortográficos

There are a set of verbs that do have spelling changes in the preterit in order to conserve their original sounds. Look at the following Spanish words and then listen to your instructor pronounce them. Pay particular attention to the *underlined* segments.

guitarra	Jorge	garaje	gobierno
cena	coche	cerámica	cielo

Both /g/ and /c/ can be pronounced differently depending upon the environment in which it occurs. The letter /g/ has a hard sound in front of what vowels? _____ _____ _____ The letter /c/ has a hard sound in front of what vowels? _____ _____ _____ When /g/ appears before the remaining vowels, what does it sound like? _____ When /c/ appears before the remaining vowels, what does it sound like? _____
If we take the verb *jugar*, which is regular in the preterit, what would we expect the /g/ to sound like if you only add an /é/ to the end of it? _____
Since you want to conserve the original hard /g/ sound, you have to add a /u/ in back of /g/ before adding the first person ending. This would be written

_____.

Verbs ending in *–car* will undergo a spelling change as well. If you take the verb *sacar* and add the first person ending without a spelling change, the /c/ would sound like _____. In order to maintain the hard /c/, you will change c→qu before adding the regular preterit endings. The "yo" form of *sacar* is

_____.

Will you need to make this change to the entire conjugation of *–car* and *–gar* verbs? Explain why or why not?

_____

–*gar* verbs		–*car* verbs	
jugar		sacar	marcar
pagar		tocar	explicar
llegar		buscar	comunicar
obligar		secar	indicar

Take one verb from each list above and write out the entire conjugation.

_____   _____

_____   _____

_____   _____

_____   _____

_____   _____

_____   _____

Verbos irregulares

Below are a list of verbs that have a radical change in their roots and a different set of preterit endings.

andar	anduve	anduviste	anduvo	anduvimos	anduvisteis	anduvieron
decir	dije	dijiste	dijo	dijimos	dijisteis	dijeron
estar	estuve	estuviste	estuvo	estuvimos	estuvisteis	estuvieron
hacer	hice	hiciste	hizo	hicimos	hicisteis	hicieron
poder	pude	pudiste	pudo	pudimos	pudisteis	pudieron
poner	puse	pusiste	puso	pusimos	pusisteis	pusieron
querer	quise	quisiste	quiso	quisimos	quisisteis	quisieron
saber	supe	supiste	supo	supimos	supisteis	supieron
tener	tuve	tuviste	tuvo	tuvimos	tuvisteis	tuvieron
traer	traje	trajiste	trajo	trajimos	trajisteis	trajeron
venir	vine	viniste	vino	vinimos	vinisteis	vinieron

You should note something of a pattern forming among the endings of the irregulars.
   Write the endings in the table provided.

yo	_____	nosotros	_____
tú	_____	vosotros	_____
él, ella, Ud.	_____	ellos, ellas, Uds.	_____

In addition, there are other four verbs whose forms are not necessarily predictable.

ir	fui	fuiste	fue	fuimos	fuisteis	fueron
ser	fui	fuiste	fue	fuimos	fuisteis	fueron
dar	di	diste	dio	dimos	disteis	dieron
ver	vi	viste	vio	vimos	visteis	vieron

saqué, sacaste, sacó, sacamos, sacasteis, sacaron

jugué, jugaste, jugó, jugamos, jugasteis, jugaron

Maite y Elena llegaron tarde a la discoteca.
Maite and Elena arrived at the discotheque late.

Fui al mercado con José.
I went to the market with José.

Te vi en el restaurante.
I saw you in the restaurant.

Actividad 6-24 ¿Cómo fueron los preparativos para la boda?

- Lisa está contestando a su amiga Elena que le ha escrito para preguntarle sobre cómo fueron los preparativos antes de la boda. Lea la carta de Lisa y complete los espacios en blanco con la forma apropiada del pretérito de los verbos de la siguiente tabla. El verbo *ser* se repite dos veces.

confirmar	encargar (*to order*)	escribir	terminar	enviar	pedir	ser
tocar	ayudar	salir	resultar	ir	tener	

¡Hola Elena!

Me alegra recibir noticias tuyas por carta. Con las computadoras y el correo electrónico parece que hoy en día ya nadie escribe cartas. Todo lo que recibo en el buzón de casa son facturas (*bills*). Te cuento que al final Jaime y yo _____ los preparativos para la boda a tiempo. La verdad que hay que hacer bastantes cosas para una boda; por ejemplo, yo _____ que llamar a la floristería una semana antes y Jaime _____ la fecha y la hora con la compañía de limusinas. Mi madre también nos _____ mucho; ella se puso en contacto con el cocinero del restaurante para decidir el menú. Luego están las invitaciones, las _____ todas entre mi hermana y yo. Jaime _____ a la oficina de correos y las _____. ¡Ah!, yo también _____ la torta en la pastelería para la boda. Lo más divertido _____ decidir la música para la fiesta. Ya sabes que a Jaime le gusta el rock, así que _____ complicado contratar a una orquesta que tocara rock. Al final, como sabes la orquesta _____ todo tipo de música, ¡hasta rumba! ¿Te acuerdas cuando mi primo les _____ que tocaran una rumba? Bueno, pues más o menos así _____ los preparativos. Menos mal que todo _____ bien al final. Ya me dirás cuando te toque a ti (*when your turn will come*) para que te dé todo tipo de recomendaciones. ¿Qué tal vuestro viaje a Puerto Rico? Ya me contarás.

¡Cuídate! Escribe pronto y da recuerdos a Maite de mi parte.

Lisa

Actividad 6-25 Un reino llamado Duloc

● Rellene los espacios en blanco con la forma apropiada del pretérito de los verbos.

Había una vez un reino llamado Duloc y estaba gobernado por un señor muy bajo llamado el señor de Farquaad. Este quería construir una ciudad perfecta, así que (decidir) _____ echar de la ciudad a todos los personajes de los cuentos de hadas. Todos estos personajes (tener) _____ que irse de la ciudad a las afueras, donde vivía un ogro verde que se llamaba Shrek. De esta forma, Shrek (ver) _____ invadido su entorno por personajes que le eran extraños. Shrek asustaba a algunos personajes, pero no a todos pues (salvar) _____ la vida de un burro parlante. Shrek (acompañado por el burro) (ir) _____ al reino para quejarse de la situación al señor de Farquaad y para que así Shrek pudiera recobrar la paz en su casa. Al final, Shrek (hacer) _____ un trato con el señor de Farquaad: Shrek podría reclamar su hogar si el burro y él rescataban a la princesa Fiona que estaba encerrada en una torre. El señor de Farquaad les pidió que hicieran esto porque quería casarse con la princesa para convertirse en el rey de Duloc.

Por tanto, Shrek y el burro (dirigirse) _____ al castillo para liberar a la bella princesa Fiona, que guardaba un gran secreto. Para ello (tener) _____ que luchar contra una dragona. Después, (volver) _____ todos juntos al reino del señor Farquaad y en el camino, la princesa y el ogro (enamorarse) _____. La noche antes de llegar al reino, el burro (descubrir) _____ el secreto de la princesa: por el día es una mujer hermosa, pero por la noche es un ogro. Cuando Shrek (saber) _____ la verdad sobre la princesa Fiona, (correr) _____ para detener la boda de Farguaad y Fiona, pero (llegar) _____ demasiado tarde. Fiona no podía fingir más y (confesar) _____ su amor por Shrek delante de todo el reino, convirtiéndose en un ogro ante los ojos de todos. Farquaad (enojarse) _____ mucho y (mandar) _____ a sus soldados a que los mataran. Pero al final la dragona – ahora amiga del burro (comerse) _____ a Farquaad. Al final, los dos ogros: Shrek y la princesa Fiona (casarse) _____ y (vivir) _____ felices.

G Actividad 6-26 Ahora les toca a ustedes

Paso 1

- Ahora les toca a ustedes contar el argumento de una película. Un estudiante en el grupo puede describir a los personajes principales, otro describe lo que ocurre y el otro estudiante escribe y ordena la información que sus compañeros le han dado.

Paso 2

- Sin mencionar el título de la película o cualquier información demasiado obvia (nombres de los personajes), lean la historia a sus compañeros de clase para que adivinen de qué película se trata.

G Actividad 6-27 Más excusas

Paso 1

- Cada grupo debe inventarse por lo menos cinco situaciones difíciles como las de la actividad 6–14. Escriban cada situación en una tarjeta.

Paso 2

- Júntense con otro grupo y comparen sus situaciones. Si tienen alguna situación repetida en los dos grupos, eliminen una de las dos tarjetas.

Paso 3

- ¡A jugar! Dos voluntarios del otro equipo deben ponerse de pie. Su equipo va a escoger una de sus tarjetas y dársela a uno de ellos. El estudiante que lee la tarjeta debe explicar la situación a su compañero/a.

  Modelo: ¿Por qué me robaste a mi novio/a?

Su compañero/a tiene que pensar rápidamente en una excusa porque el/ la profesor/a va a medir el tiempo. Túrnense para que todos los estudiantes de la clase puedan participar.

G Actividad 6-28 Improvisemos

- Divídanse en dos grupos grandes. Un miembro de cada equipo recibirá el nombre de un personaje o de una persona famosa. Tiene que dar pistas a su grupo diciendo cosas que hizo, con otros personajes. Mire el siguiente ejemplo:

  Modelo: Besé a Scarlett pero me casé con Melanie.
  Repuesta: Ashley Wilkes

Pronombres de objeto directo

In the cartoon above, there are a number of direct objects (objetos directos) and direct object pronouns. The function of a direct object or its pronoun form is to receive or complete the action of the verb. If you review the sentences below, you will notice how *incomplete* the action would be without the direct objects.

Detective: ¿Tiene la carta?
                        O.D.

                Mañana, espero tener más pistas.
                                           O.D.

                Podré decirle el nombre del admirador.
                                        O.D.

Angela: Sí, la tengo.
                  pronombre

                Mire, le doy de plazo hasta mañana; tengo que saberlo.
                                                                    prono

You are already familiar with the forms of the direct object pronouns since they are almost exactly the same as those of the indirect objects.

me	nos
te	os
lo/la	los/las

Since direct object pronouns replace the direct object noun phrase in the sentence, when used in the third-person form, they must agree in gender and number with the direct object that they are replacing.

¿Ha encontrado el detective al <u>admirador</u>?   No, no <u>lo</u> ha encontrado.

¿Buscó <u>más información</u>?   Parece que no <u>la</u> buscó.

¿Necesita <u>más tiempo</u>?   Sí, <u>lo</u> necesita.

Position of direct object pronouns

The direct object pronouns can appear in exactly the same positions as the indirect objects:

Before a conjugated verb:	Lo tengo.
Attached to an infinitive:	Voy a descubrirlo.
Attached to the present participle:	Está investigándolo.

¡OJO!

There is a tendency for students to want to use a direct object pronoun in sentences where *it* is the subject of the sentence, e.g. *It is pretty*. In this sentence, *it* functions as the subject of the sentence, a direct object pronoun would be inappropriate. In such sentences, the *it* is included in the meaning of the verb so you can just say, *es bonito*.

Actividad 6-29 ¡A practicar!

- Lea las siguientes frases y subraye los objetos directos; después reemplácelos con los pronombres adecuados.

1. El detective todavía no ha descubierto la identidad del admirador.

_____

2. El espera examinar unos documentos mañana mismo.

_____

3. El detective necesita más pruebas.

_____

4. Angela está perdiendo la paciencia.

_____

5. El detective necesita más tiempo para reunir más pruebas.

_____

6. Angela quiere resolver su problema cuanto antes.

_____

7. El detective necesita comparar varios documentos.

_____

8. ¿Está el detective haciendo su trabajo bien?

_____

Actividad 6-30 ¡Qué día tan ocupado!

- Amelia está hablando con su secretaria. Ayude a la secretario a contestar a todas las preguntas utilizando los pronombres de objeto directo cuando sea posible.

1. ¿Mandaste las cartas? _____

2. ¿Llamaste al nuevo cliente? _____

3. ¿Leíste de nuevo el contrato?_____

4. ¿Fotocopiaste los documentos? _____

5. ¿Hiciste todas las reservas para la recepción?_____

6. ¿Viste la sala de conferencias?_____

7. ¿Atendiste todas las llamadas? _____

Actividad 6-31 ¿Qué hiciste con...?

● A continuación hay una serie de palabras. Escriba lo que usted hizo con cada cosa en el pasado. Si no hizo nada con algún objeto, escriba la frase en negativo.

> *Modelo: el café*
> *Lo tomé esta mañana antes de ir a clase.*
> *No lo tomé porque no tuve tiempo.*

1. el periódico

_____

2. los libros

_____

3. el dinero

_____

4. el examen

_____

5. la ropa

_____

6. el *e-mail*

_____

7. el partido (de baloncesto)

_____

8. la computadora

_____

9. el CD

_____

10. la tarjeta de crédito

_____

Double object pronouns

There are times when you will want to use both an indirect and direct object pronoun together in the same sentence. In such instances, you will place the indirect object pronoun first and then the direct object pronoun. Keep in mind that the pronouns must stay together.

When combining the pronouns together results in a combination of *le(s)* and *lo(s)/la(s)* together, you will have to change the I.O. pronoun to *se*.

¿Mandaste un e-mail al nuevo estudiante?

Sí, ~~le~~ lo mandé.
　↓
Sí, se lo mandé.

Actividad 6-32 Amelia habla con Ana

● Conteste a las preguntas que hace Amelia a Ana sobre su día.

1. ¿Le hablaste en inglés a tu nuevo amigo Henry?

_____

2. ¿Le leíste el cuento que escribiste a la clase?

_____

3. ¿Le diste la nota a tu maestra?

_____

4. ¿Le escribiste la carta a tu abuelo?

_____

5. ¿Me limpiaste el dormitorio?

_____

6. ¿Le entregaste la tarea a tu maestra?

_____

7. ¿Le hiciste la tarjeta al tío Jaime para su cumpleaños?

_____

Actividad 6-33 ¿Qué ocurre?

● Examine los dibujos y escriba una frase que describa lo que ocurre en cada uno.

_____

_____

_____

_____

_____

_____

_____

_____

_____

_____
_____
_____

_____
_____
_____

_____
_____
_____
_____

Las despedidas de soltero (*bachelor parties*) son tan comunes en el mundo hispano como en Estados Unidos. Los amigos del soltero planean y organizan la despedida. Se dice que la tradición se originó con los espartanos (*Spartans*).

Actividad 6-34 La despedida de soltero de Jaime

- Marcos, el hermano de Jaime, y unos amigos le prepararon una despedida de soltero a Jaime antes de su boda. Lea cómo fueron los preparativos y rellene los espacios en blanco con los pronombres de objeto directo, indirecto o los dos juntos.

Mateo: Al final salió todo bien y la despedida fue todo un éxito. ¡Qué de cosas tuvimos que preparar! ¿Se acuerdan?

Juan: Sí, pero ¿quién hizo las reservas en el restaurante?

Carlos: Yo _____ hice.

Juan: Y, ¿quién mandó las invitaciones de la despedida a todos los amigos?

Ricardo: Queríais que lo hiciera yo, pero no quise mandar _____ porque tengo mala letra.

Mateo: Sí, al final _____ envié yo. Bueno, _____ _____ di a mi secretaria para que lo hiciera ella. Ella podía hacer_____ más rápido porque ese día tenía más tiempo libre.

Juan: ¿Y quién encargó la torta?

Carlos: ¡Ah, yo _____ _____ encargué a mi hermana Teresa porque trabaja en una pastelería! Ella _____ preparó con mucho gusto.

Mateo: Todos ayudamos a preparar la mejor fiesta de despedida a Jaime. Y, ¿quién avisó a Jaime de la fiesta?

Juan: De eso me encargué yo. Yo _____ llamé y _____ _____ conté todo; bueno, todo no, para que tuviera algo de emoción.

Felipe: Mira, así tenemos experiencia para cuando haya que hacer otra.

Ⓖ Actividad 6-35 ¡A jugar!

- Se divide la clase en grupos de cinco estudiantes. Su profesor(a) le va a dar un objeto y usted tiene que pensar en qué puede hacer con este objeto. Use los pronombres de objeto directo o indirecto o los dos juntos y después pase este mismo objeto a otro estudiante de su grupo hasta que todos hayan participado. No se puede repetir la misma frase y si un estudiante no sabe qué decir, se le elimina del juego.

> Modelo: *un balón de baloncesto*
> Estudiante 1: *Lo tiro a canasta.*
> Estudiante 2: *Se lo regalo a mi hermana.*
> Estudiante 3: *Lo llevo al partido para jugar con mis amigos.*
> Estudiante 4: *———(este estudiante está eliminado)*
> Estudiante 5: *Se lo regalé a mi amigo. (estudiante eliminado por repetir una idea)*

¡A escribir!

At the beginning of this chapter you began writing about a crazy thing that happened to you in the past. At this point, you will write out the entire story from start to finish, focusing on the series of events that started the incident and how it concluded. If you don't think that your own story was interesting enough, then you can invent a character and tell a story about something funny, sad, or crazy that happened to him/her.

Actividad 6-36 Añada más detalles

- Vuelva a leer el párrafo que escribió al principio de este capítulo y haga una lista de las acciones más importantes que ocurrieron en el incidente. Busque en un diccionario el vocabulario necesario para describir lo que ocurrió.

Acciones importantes

1. _____
2. _____
3. _____
4. _____
5. _____
6. _____
7. _____

Actividad 6-37 Aprendiendo a utilizar el diccionario

- Ahora escriba aquí las palabras que ha buscado en el diccionario y alguna otra que va a necesitar para su relato. Use el diccionario adecuadamente. Cuando busque una palabra, lea bien todas las acepciones y escoja la más apropiada. Si fuera necesario, busque el término que ha escogido en la sección española del diccionario para confirmar su significado.

Palabras nuevas

_____   _____   _____

_____   _____   _____

_____   _____   _____

_____   _____   _____

Actividad 6-38 El comienzo

- Su historia tiene que comenzar de una manera fascinante para captar la atención del lector. ¿Cómo quiere empezar? ¿Con algo misterioso? ¿Algo gracioso? ¿Algo emocionante? Piénselo bien porque la introducción es decisiva en un relato. No olvide usar las palabras de transición para conectar las oraciones de una manera lógica. ¿Cómo piensa empezar el relato? Escriba unas ideas a continuación.

_____

_____

_____

_____

_____

_____

_____

_____

Ⓖ Actividad 6-39 Primer borrador

- Traigan tres copias de su borrador a clase e intercambien sus relatos en el grupo. En esta primera lectura de los relatos de sus compañeros, fíjense sólo en el contenido y organización; no corrijan la gramática. ¿Qué sugerencias puede ofrecer para mejorar el relato de sus compañeros? ¿Es lógica la secuencia de las acciones en el relato?

Actividad 6-40 Versión final

- Piense bien en las sugerencias de sus compañeros. ¿Puede incorporarlas en su texto? Haga los cambios necesarios y lea el relato de nuevo.

- ❑ Concordancia entre sujeto y verbo
- ❑ Concordancia entre sustantivos y adjetivos
- ❑ Vocabulario apropiado
- ❑ Terminaciones apropiadas para el pretérito
- ❑ Pronombres apropiados
- ❑ *Ser* y *estar*

Contextos

Actividad 6-41 Informes

- Imagínese que usted es un cuentista de los que, cuando cuentan una historia ante un público, no sólo la narran sino que reviven todas las peripecias. Cuente la historia que ha escrito y traiga fotos o cualquier otro objeto que le ayude a contarla mejor. También puede pedir ayuda a sus compañeros para que sea una narración interactiva. ¡Sea creativo/a!

❷ Actividad 6-42 Improvisemos

- Imaginen que uno de ustedes es una persona de negocios y el otro un solicitante para un puesto en su compañía. Escriban cómo sería la entrevista de trabajo. Utilicen el pretérito para hablar de la experiencia del solicitante. Después presenten su diálogo a la clase.

Ⓖ Actividad 6-43 ¿Cómo van a cambiar el final?

- Tomen un cuento de hadas (*fairy tale*) tradicional y cambien el final del mismo. También inventen un nuevo título para el cuento. Presenten la nueva versión del cuento a la clase.

Vocabulario

El camping

el camping	camping
el bote inflable	rubber raft
el saco de dormir	sleeping bag
ir de camping	to go camping
la tienda (de campaña)	tent

¡Socorro!

la ambulancia	ambulance
ayudar	help
el coche de bomberos	firetruck
el/la bombero	firefighter
el chaleco salvavidas	life jacket
el salvavidas	life preserver
el extintor	fire extinguisher
la escalera (de mano)	ladder
extinguir/apagar	to extinguish
el fuego	fire
el incendio	fire
el paramédico	EMT/paramedic
la policía	the police
el/la policía	police officer
rescatar	to rescue
el rescate	rescue
salvar	to save
el/la socorrista/vigilante/ salvavidas	life guard

Reacciones emocionales

asqueroso	disgusting
el asco	disgust
darle asco a alguien	to disgust
cómico/a	funny
chistoso/a	funny
el chiste	joke
curioso/curiosa	curious
la curiosidad	curiosity
el horror	horror
horrible	horrible
la rareza	oddity
raro/a	strange

Palabras que ayudan con el orden cronológico

al final	at the end
al principio	at the beginning
antes (de)	before
después (de)	after
entonces, luego	then
por fin, finalmente	finally
primero	first

Capítulo 7

Linguistic function

- Narrating in the past

Structural focus

- Imperfect tense, use of imperfect, and preterit/imperfect contrasted

Review

- Accents, formal commands, affirmative commands, and object pronouns

Cosas que pasan

Lluvia de ideas

G **Actividad 7-1** ¿Qué va a ocurrir?

• Escriban una lista de lo que ocurre en estas fotos. Consulten la lista de palabras útiles, para describir cada foto brevemente.

_____

_____

_____

_____

_____

PALABRAS ÚTILES

La motocicleta/la moto	motorcycle
la señal de tráfico	traffic sign
la clínica veterinaria	veterinary clinic

Ⓖ Actividad 7-2 ¿Qué ocurrió?

● Ahora con sus compañeros, inventen una serie de sucesos que expliquen la relación entre las fotos.

NOTA CULTURAL

Casi dos millones de accidentes tienen lugar anualmente en los hogares españoles.
Fuente: CEACCU

Ⓖ Actividad 7-3 Los accidentes domésticos

Paso 1

● En casa normalmente, ¿dónde ocurren los accidentes?

_____

_____

_____

Paso 2

● ¿Cuáles son algunas de las causas de los accidentes domésticos?

_____

_____

_____

_____

AUDIO Actividad 7-4 ¡El yoga está de moda!

A principios del semestre Maite y Elena se apuntaron a unas clases de yoga y ahora se encuentran mejor física y mentalmente. Maite ha encontrado en Internet un artículo sobre los beneficios del yoga y ahora se lo está leyendo a Elena.

Paso 1

● Escuche a Maite y después responda a las siguientes preguntas según la información del artículo.

1. Según el artículo, mencione al menos tres buenas razones para practicar yoga.

_____

_____

_____

2. ¿Por qué es la práctica del yoga un ejercicio físico muy completo?

_____

_____

3. ¿Por qué le gusta a Elena practicar yoga? ¿A qué le ayuda?

_____

_____

4. ¿Por qué se menciona al final del artículo que hay que tener cuidado de adónde se va a practicar yoga?

_____

_____

Paso 2

● Decida si las siguientes afirmaciones son verdaderas (V) o falsas (F) según la información del artículo que ha leído Maite.

1. El yoga resulta beneficioso para prevenir lesiones musculares.   V / F

2. Todo tipo de personas, mayores, jóvenes y niños, pueden practicar yoga.   V / F

3. Todavía no hay muchas escuelas de yoga en el mundo occidental.   V / F

4. A Elena le gusta practicar yoga porque le ayuda a bajar peso.   V / F

5. El yoga es muy popular entre artistas y políticos.   V / F

Dé, de, sé, se, sólo, solo

Sí, recuerdo

Repaso de gramática

Acentos

Learning about when to use written accents is another part of learning Spanish. Every word in Spanish will carry stress, or emphasis. In one syllable words, there is only one syllable that can carry the primary stress, e.g., **me, le, con, sin**. However, when a word has more than one syllable, only one of those syllables will carry the primary stress. Spanish has two rules, with which you are probably already familiar, regarding placement of stress.

1. If a word ends in a vowel, *n*, or *s*, then the main stress usually falls on the second-to-last, or penultimate, syllable. Write down some words that you already know that follow this pattern.

_____ _____ _____ _____ _____

2. If a word ends in consonant (other than *n* or *s*), then the main stress usually falls on the last, or ultimate, syllable. Write down some words that you know that follow this pattern.

_____ _____ _____ _____ _____

When the primary stress falls on the third or even the fourth-to-last syllable, an accent mark is required. If a word breaks with one of these patterns, then you can expect to find a written accent telling you on which syllable the word should be accented. If you see a correctly written Spanish word, you should always be able to predict what syllable to accent.

Look at the following words. The syllable that carries the primary stress is underlined. Determine if you will need to add a written accent.

colera	vaca	crimen	copa	carpeta	bicicleta
almacen	carton	postal	jovenes	recoger	visita

This seems fairly straightforward so far, but you may have already thought about words such as *historia* and *librería*, which by all appearances flout the Spanish accent rules. After all, *historia* ends in a vowel; shouldn't the *i* carry the accent? The word is pronounced with the primary stress on the *o*, *historia*. Why doesn't that *o* have a written accent? There is one word that will explain this apparent anomaly: *diptongo*. Diphthongs are two vowel sounds that blend into one sound, and are considered to be only one syllable. Spanish has two vowels, *i* and *e*, which can form diphthongs when combined with one another or with the other three vowels of Spanish. That is why *pueblo* is pronounced /pweblo/ and *cuidado* is pronounced /kwidado/. In the word, *librería*, the *i* should combine with the *a* to form a single diphthong, and a single syllable, at the end of the word. However, the accent on *i* breaks the diphthong into two syllables. Hence you hear two separate vowels—and two separate syllables.

How can you determine whether diphthongs will remain together or split apart? Well, you can't without knowing something of the origins of the word. This is one of the reasons why you need to remember written accents on new words that you learn. However, by knowing the stress rules and knowing where the primary accent is placed you can determine whether a word needs a written accent.

Acentos y homófonos

There are a handful of words in Spanish that are homophones, or words that sound alike. A written accent is used to distinguish these words in writing. The accent does not affect the pronunciation of the word; it merely eliminates ambiguity in the written form.

como *vs.* cómo—like/as *vs.* how

de *vs.* dé—of *vs.* give (formal command and first and third person singular of the present subjunctive)

se *vs.* sé—himself/herself (reflexive pronoun) *vs.* I know

tu *vs.* tú—your (possessive adjective) *vs.* you (personal pronoun)

solo *vs.* sólo—alone (adjective) *vs.* only (adverb)

Actividad 7-5 ¿Necesita acento ortográfico?

- Examine las palabras a continuación y determine si es necesario añadir el acento escrito. La vocal que lleva énfasis en cada palabra ha sido subrayada para ayudarle a decidir si lleva o no acento ortográfico (escrito).

1. penicilina
2. poblacion
3. emergencia
4. vehiculo
5. victima
6. choque
7. sintomas
8. analisis
9. yeso
10. auxilio

Actividad 7-6 Escuche las palabras

- Escuche la palabra que pronuncia su profesor/a y subraye la sílaba que lleva acento. Ponga los acentos ortográficos cuando sea necesario.

1. trauma
2. terapia
3. infeccion
4. anestesia
5. mareado
6. muletas
7. urgente
8. diagnosis
9. cirugia
10. complicacion

❷ Actividad 7-7 Al diccionario

Paso 1

- Con su compañero/a busquen seis palabras en un diccionario de español. Escríbanlas a continuación.

_____   _____   _____   _____   _____   _____

Paso 2

- Uno de ustedes debe copiar las palabras (sin acentos) para dárselas a otro grupo. El otro estudiante tiene que pronunciar las palabras mientras que el otro equipo determina dónde va el acento en cada palabra.

Actividad 7-8 ¿Es necesario escribir el acento?

- Lea el siguiente párrafo detenidamente y ponga el acento escrito en las letras subrayadas cuando sea necesario.

Anestesia de risa

Las carcajadas alivian el dolor. Así lo afirma la doctora estadounidense Margaret Stuber tras un estudio realizado con 21 niños. Les pidió que metieran la mano en agua fría: los que más tiempo aguantaron estaban viendo un video cómico. Además, las pruebas hormonales de sus salivas mostraron niveles de estrés más bajos. La risa estimula el sistema inmunitario de los niños y podría incluso disminuir la dosis de anestesia necesaria en las operaciones.

Los mandatos formales

Commands, or imperatives, are ways for you to request things of others in a succinct manner. In this textbook and in your classroom, you have mostly seen and heard formal commands used.

> Abran sus libros.
> Lean las instrucciones.
> Escriban las siguientes oraciones.

What are the infinitives of the verbs used in the cartoon to

the right? _____ _____ _____ What ending is used

for all three verbs? _____ Since we are talking about formal commands, the ending of these verbs has to be either singular or plural. Which ending is illustrated in

the cartoon? _____

The verbs represented so far have been –er and –ir verbs. These verbs have adopted the –ar endings in the formal commands. Therefore, we can expect that the –ar verbs will adopt the –er/–ir endings. What would be the formal plural command form for the following verbs?

hablar _____   crear _____   tomar _____

- In the letter below, you will see a number of irregular formal command forms. Circle all the commands that you find and then write out the forms in the spaces provided.

> Vaya al edificio abandonado en la esquina de Villa Rosa y Licenzo esta tarde a las seis. Tengo información confidencial sobre el incendio de la semana pasada. Venga sola y no diga nada a nadie. Espéreme en el segundo piso y no llegue tarde.

_____ _____ _____

_____ _____

Which of these forms does not express any irregularity? _____
Which of these forms have the irregularity based on the "yo" form of the present tense with the –o then dropped and the appropriate formal command

ending added? _____ _____

- What would be the formal singular and plural forms for the following verbs that demonstrate an irregularity in the singular and plural formal command forms?

Verbo	Singular	Plural
conocer	conozca	
caer		
hacer		
poner		
salir		
tener		
traer		
venir		

- Indeed, all command forms are based on the "yo" form with the *–o* then dropped and the command ending added. If this is so, then what would the following verbs look like as formal singular commands?

encontrar   _____

poder   _____

pedir   _____

servir   _____

querer   _____

While these forms may look irregular, they are following a normal pattern for the formal commands.

Mandatos y cambios de ortografía

As you can see by the form *llegue*, command forms will also adhere to orthographic changes in order to maintain the sounds found in the infinitive form. We can expect that verbs ending in *–gar*, *–ger*, *–zar* and *–car* will have a spelling change. Write out the singular command form for each verb. (If you need to review spelling changes, you should reread this section in Chapter Six.)

jugar   coger   tocar   empezar

_____   _____   _____   _____

Formas irregulares

There are only a handful of truly irregular formal commands whose forms are not entirely predictable.

dar	dé	den
estar	esté	estén
ir	vaya	vayan
saber	sepa	sepan
ser	sea	sean

Mandatos y pronombres

Direct and indirect object pronouns are attached directly to the end of an affirmative command. If the command is negative, then the object pronoun will appear between *no* and the verb. Since you will be adding an extra syllable (or two) to the affirmative command form, you will need to add a written accent to the syllable of the verb where you heard its original primary stress.

CONSTRUCTING FORMAL COMMANDS

Formal singular commands:	[hablar] →	hable + e = hable	
	[vivir] →	vive + a = viva	
	[comer] →	come + a = coma	
Formal plural commands:	[hablar] →	hable + en = hablen	
	[vivir] →	vive + an = vivan	
	[comer] →	come + an = coman	

Verbo	Singular	Plural
caer	caiga	caigan
conocer	conozca	conozcan
dar	dé	den
estar	esté	estén
hacer	haga	hagan
ir	vaya	vayan
poner	ponga	pongan
saber	sepa	sepan
salir	salga	salgan
ser	sea	sean
tener	tenga	tengan
traer	traiga	traigan
venir	venga	vengan

Actividad 7-9 Primeros auxilios

● Elena está tomando una clase de «primeros auxilios» y su instructora le da instrucciones en la Maniobra de Heimlich. Escriba los mandatos de los infinitivos entre paréntesis.

1. (Mirar) _____ si la persona está atragantada.
Si la persona está tosiendo, hablando o respirando, no (hacer)

_____ nada. No le (golpear) _____ la espalda. No le

(poner) _____ los dedos en la garanta.

2. (Pararse) _____ detrás de la víctima y (rodearle) _____ la cintura con sus brazos.

3. (Colocar) _____ su puño (con el pulgar hacia la víctima) contra el abdomen (sobre el ombligo y debajo de las costillas). (Tomar) _____ el puño con su otra mano firmemente. Con una presión rápida (empujar)

_____ con su puño hacia arriba contra el estómago de la víctima.

(Presionar) _____ hacia arriba hasta cinco veces. (Controlar)

_____ a la víctima. (Repetir) _____ la presión si fuera necesario.

Actividad 7-10 El ABC de la vida en casos de emergencia

● Parte del entrenamiento del curso de Elena es aprender unas reglas básicas de cómo reaccionar en casos de emergencia. Escriban los mandatos de las formas no conjugadas (infinitivos) del texto.

El ABC de la vida en casos de emergencia

1. Determinar si la víctima está consciente.
2. Pedir ayuda médica.

3. Abrir la vía de aire.

4. Constatar que no respira.

5. Ventilar dos veces.

6. Tomar el pulso.

7. Constatar la ausencia de pulso.

8. Comprimir 15 veces.

9. Ventilar dos veces.

10. Seguir el ciclo 2 ventilaciones/15 compresiones.

❷ Actividad 7-11 ¿Qué podemos hacer?

● Se han encontrado un gato herido en el patio de su casa. Llamen al veterinario para preguntarle qué pueden hacer con el gato o cómo pueden curarlo. ¿Qué les aconseja el veterinario? Escriban sus consejos en forma de mandatos formales.

❷ Actividad 7-12 Curar una herida común

● Lean el siguiente párrafo que habla sobre cómo curar una herida común. Después de leerlo, escriban todas las instrucciones en forma de mandatos formales.

Modelo: Limpie la herida con agua.

Para curar una herida sobre la piel, lo primero que se debe hacer es limpiarla con agua; y si la herida es leve, es decir no muy profunda, conviene lavarla además con jabón, frotando con suavidad con una gasa o un trapo limpio. Una vez realizada esta primera limpieza, hay que mirar si se trata de un simple rasguño superficial, en cuyo caso bastará con el lavado y la aplicación posterior de un antiséptico como mercromina, dejándolo preferentemente al descubierto, si no es un sitio de mucho roce.

Durante los días siguientes, se continuará lavando la zona con agua y jabón cada vez que se bañe, y se aplicará a diario el antiséptico hasta que la herida esté totalmente seca y se forme una costra.

❷ Actividad 7-13 Improvisemos

Situación: Su hermana y su amiga la(lo) llaman a usted desde su teléfono móvil porque han tenido un pequeño accidente de coche. Tanto ellas como el conductor del otro coche están bien, pero se encuentran muy nerviosas y no saben qué hacer. Déles consejos para esta situación usando los mandatos formales.

Personajes: Su hermana, una amiga de su hermana y la(el) otra(o) hermana(o)

ARGENTINA

Santo Tomé
Curuzú Cuatiá

Río Cuarto Venado ·Rosario
Mercedes·   Tuerto
San· Renancó·   Junín   ★ Buenos
Rafael   Aires
          Realicó· General
                      Villegas
          Telén·

                    Bahía   Mar del Plata
          ·Zapala   Blanca· ·Necochea

          ·San Carlos
          de Bariloche

          ·Esquel

                        ·Comodoro Rivadavia
Las Heras·
              ·Puerto Deseado
          Gobernador
          ·Gregores
              ·Puerto Santa Cruz

Vocabulario

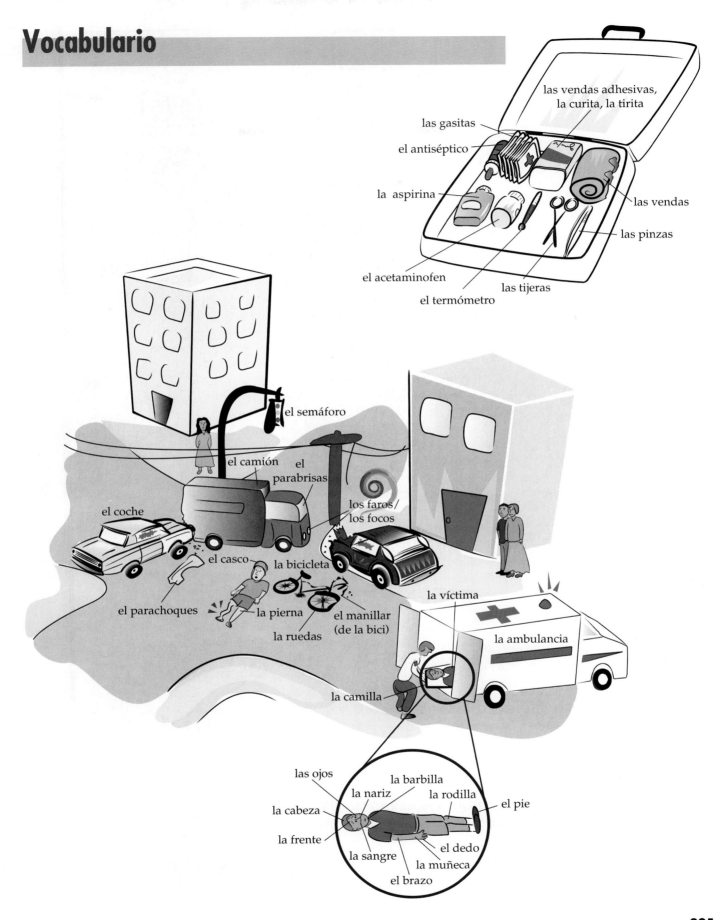

las gasitas

las vendas adhesivas, la curita, la tirita

el antiséptico

la aspirina

las vendas

las pinzas

el acetaminofen

las tijeras

el termómetro

el semáforo

el camión

el parabrisas

los faros/ los focos

el coche

el casco

la bicicleta

el parachoques

la pierna

el manillar (de la bici)

la ruedas

la víctima

la ambulancia

la camilla

las ojos

la barbilla

la nariz

la rodilla

la cabeza

el pie

la frente

el dedo

la sangre

la muñeca

el brazo

En la sala de urgencias

los rayos X

los puntos
la cicatriz
el hueso
el suero

las muletas

el yeso/
la escayola

la operación/la cirugía

el cirujano   operar

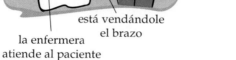

está vendándole
el brazo

la enfermera
atiende al paciente

poner una inyección,
inyectar

padecer/sufrir

atropellar

chocar con

OTRAS PALABRAS ÚTILES

la cura	cure
el tratamiento	treatment
doler	to hurt (me duele la pierna)
herir	to wound

Actividad 7-14 Definiciones

Escriba la palabra apropiada.

1. _____ Sala del hospital para emergencias.

2. _____ Vehículo para transportar los heridos al hospital.

3. _____ Operación.

4. _____ Sufrir.

5. _____ Modo de transporte con dos ruedas.

6. _____ Las necesitamos para andar cuando tenemos una pierna rota.

7. _____ Se usan para ver.

8. _____ Se usa para respirar.

9. _____ Tipo de cama de una ambulancia.

10. _____ La parte del coche que controla la dirección del mismo.

11. _____ Se lleva para proteger la cabeza.

Actividad 7-15 Asociaciones

● Subraye la palabra que no esté asociada con las otras y explique por qué en español.

1. ambulancia   camilla   cabeza

porque _____

2. tobillo   nariz   ojo

porque _____

3. rodilla   tobillo   brazo

porque _____

4. brazo   muñeca   dedo del pie

porque _____

5. dependiente   doctor   cirujano

porque _____

6. atender   cocinar   ayudar

porque _____

7. bicicleta   faro   parabrisas

porque _____

8. muletas   yeso   nariz

porque _____

Actividad 7-16 Ahora escriba usted las asociaciones

Escriba otra palabra asociada con las siguientes en cada caso.

1. doctor   cirujano   _____

2. herida   puntos   _____

3. ambulancia   paramédico   _____

4. parabrisas   parachoques   _____

5. dedo   muñeca   _____

6. ojos   nariz   _____

7. socorro   auxilio   _____

8. muletas   yeso   _____

❷ Actividad 7-17 ¿Qué es...?

● Observen el dibujo del accidente de tráfico de la pagina 225. Después, escriban definiciones de un objeto o persona sin mencionar su nombre. Pueden describir para qué sirve, dónde está situado, etc.

G Actividad 7-18 Improvisemos

● Imaginen que son una familia: la madre, el padre y un/a niño/a. El/la niño/a se ha caído y tienen que llevarle a urgencias para que le curen.

Personajes: Los padres, el/la niño/a y el médico de la consulta de urgencias

Situación: Los padres necesitan describir lo que ocurrió, el niño debe describir lo que le duele, y el doctor les dará recomendaciones y les recetará algunas medicinas. Escriban una conclusión original para esta situación. ¡Sean creativos!

AUDIO Actividad 7-19 Sonría por favor

● José estaba mirando información en Internet y ha encontrado una página web muy curiosa en la que se habla de «la terapia de la risa». Ha decidido enviarle esta información a sus amigas, Maite y Elena, para que no se preocupen tanto y sonrían más.

Paso 1

● Escuche el anuncio de Internet titulado «La terapia de la risa» que ha encontrado José y después responda a las siguientes preguntas:

1. ¿En que consiste la terapia de la risa? Sea específico y aporte ejemplos.

_____

_____

2. Según el anuncio, ¿tiene alguna base científica esta «terapia de la risa»? Dé ejemplos.

_____

_____

3. ¿Está de acuerdo con la información del anuncio? ¿Por qué sí o por qué no?

_____

_____

4. ¿Cómo es su actitud ante la vida? ¿Es usted optimista, pesimista, escéptico? ¿Por qué?

_____

_____

2 Paso 2

● Compare sus respuestas con las de otro estudiante. Después, inventen una guía de consejos y recomendaciones de la «terapia de la risa». Escriban recomendaciones de cómo llevar a cabo esta terapia; pueden dar consejos para situaciones específicas.

GUÍA DE LA TERAPIA DE LA RISA

_____	_____	_____
_____	_____	_____
_____	_____	_____
_____	_____	_____
_____	_____	_____
_____	_____	_____

Modelo: Mire de vez en cuando una película que le haga reír, algo cómico.

_____

_____

_____

_____

_____

_____

Lectura temática

G **Actividad 7-20** Antes de leer

● ¿Cuál es la función de la Cruz Roja? Hablen de las situaciones en las cuales esta organización ayuda a la gente. Visiten su página en la red (www.ifrc.org/sp/who/) si necesitan más información sobre esta organización.

NOTA CULTURAL

Accidentes «de chapa»

En 2001, cada 19 segundos se producía un accidente leve o «de chapa»— aquellos en que no hay ninguna víctima. A lo largo de ese año los accidentes leves superaron la cifra de 1.700.000.

Fuente: Revista *Tráfico*

de chapa = fender bender, **leve** = minor, **a lo largo** = throughout, **superar** = exceed

---

Actividad 7-21 Prevenir es vivir

● La Cruz Roja española tiene una nueva campaña llamada «Prevenir es vivir».
¿Cuál creen que es el objetivo de esta campaña? ¿Por qué han escogido este lema?

Actividad 7-22 Cognados

● Escriba el significado de cada cognado en español.

1. prevención _____

2. prioritario _____

3. incrementar _____

4. notablemente _____

5. causar _____

6. concretamente _____

7. divulgar _____

8. promocionar _____

9. consumo _____

10. reforzar _____

Campaña «Prevenir es vivir»

La Cruz Roja española tiene en marcha una nueva campaña, «Prevenir es vivir», cuyo objetivo es incidir en la prevención de accidentes y emergencias de todo tipo, a través de la difusión de consejos e informaciones útiles.

El amplio ámbito de esta campaña permanente incluye consejos para la prevención de accidentes en carretera, atención a accidentados, consejos en la playa o actuación preventiva en el hogar.

Durante los meses de verano, en los que se incrementan notablemente los desplazamientos de los ciudadanos hacia lugares de ocio, resulta prioritario el refuerzo de los consejos dirigidos a los conductores y personas que disfrutan de sus vacaciones en las playas y lagos.

Consejos en la carretera

Cada año, los accidentes de tráfico provocan 700.000 muertes y más de 10 millones de heridos en todo el mundo.

Según la Organización Mundial de la Salud (OMS), los accidentes en carretera se han convertido en una de las principales causas de muerte, habiendo causado en el siglo XX cerca de 30 millones de vidas en todo el mundo, especialmente en personas de edades comprendidas entre 3 y 35 años.

Concretamente en España, cerca de 6.000 personas fallecen cada año como consecuencia de accidentes en carretera, y más de 148.000 resultan heridas. Con la campaña «Prevenir es vivir» se pretende hacer frente a esta situación informando a la sociedad sobre los posibles riesgos que entrañan los desplazamientos por carretera, recalcando la vital importancia de que los conductores asuman una serie de comportamientos básicos que se traduzcan en una mayor seguridad. Cruz Roja divulga y promociona «consejos para conductores» con el fin

en marcha = in gear
cuyo = whose
incidir = to affect
ámbito = range
ocio = leisure
fallecen = die
hacer frente = confront head on
entrañan = entail

de mejorar la conducción responsable, tales como «evitar el consumo de alcohol», «parar cada 2 horas o cada 200km», «mantener la distancia de seguridad», «no utilizar el teléfono móvil» y «empleo del casco para viajar en moto».

También, se <u>está resaltando</u> la importancia de que los niños viajen siempre en <u>los asientos traseros</u>, que nunca se lleve un niño en brazos dentro del vehículo y que todos los ocupantes del vehículo se pongan obligatoriamente el cinturón de seguridad.

Actividad 7-23 Después de leer

● Escriba sus respuestas a las siguientes preguntas:

1. ¿A quiénes está dirigida esta campaña? _____

_____

2. ¿Por qué empezó la campaña al principio del verano? _____

_____

3. ¿Cuántas personas mueren cada año como resultado de los accidentes de tráfico?_____

_____

4. ¿Cuáles son los consejos más importantes?_____

_____

_____

NOTA CULTURAL

El día más negro en España ocurrió el 16 de julio de 2000. En este día cada 40 minutos fallecía una persona en accidente de tráfico.
Fuente: Revista Tráfico

G Actividad 7-24 Debate

En España es ilegal utilizar el teléfono móvil mientras se conduce, aunque muchas personas lo hacen. Hay una legislación semejante en algunos estados de EE.UU. pero todavía no es una ley federal. ¿Qué opinan sobre este tema?

● Formen cuatro grupos para debatir esta cuestión. Dos grupos a favor de la ley y dos grupos en contra de ella.

Gramática

El imperfecto

The forms of the imperfect are fairly easy to learn and you probably do remember them. There are several instances of the imperfect in the dialog between the characters in the cartoon comic strip. What forms do you find for *saber*, *necesitar*, and *decir*?

saber

necesitar

decir

_____   _____   _____

The imperfect is a fairly regular tense once you understand that *–ía* and *–aba* are the key to its formation. Attempt to fill in the rest of the conjugation based on the clues that you will find in the chart.

	saber	**necesitar**	**decir**
yo		necesitaba	
tú	sabías		
él, ella, Ud.			decía
nosotros			decíamos
vosotros		necesitabais	
ellos, ellas, Uds.	sabían		

There are three irregular verbs in the imperfect: *ir*, *ser*, and *ver*.

ir	**ser**	**ver**
iba	era	veía
ibas	eras	veías
iba	era	veía
íbamos	éramos	veíamos
ibais	erais	veíais
iban	eran	veían

Capítulo 7   Cosas que pasan

Uso del imperfecto

The imperfect is another way of talking about the past that is a little more descriptive but less emphatic than the preterit. You will use it to say, *I used to walk in the park* or *It was a hot day*. This is good information, but not terribly conclusive because the imperfect always feels as though you are in the middle of something that never quite got finished. Often, you will use the imperfect to talk about actions that were incomplete, or to emphasize the ongoing aspect of an action.

<u>Estaba</u> escuchando la radio, cuando ocurrió el accidente.
I was listening to the radio when the accident occurred.

Cuando <u>era</u> joven, <u>montaba</u> mucho en bicicleta.
When I was young, I rode my bike a lot.

Como <u>llovía</u> mucho perdió el control del vehículo.
Since it was raining a lot he lost control of the vehicle.

Actividad 7-25 ¿Cómo fue tu graduación?

Maite está haciendo el proyecto final de clase con José. José quiere saber qué hizo Maite después de su graduación y cómo decidió venir a estudiar a EE.UU. Rellene los espacios en blanco con la forma apropiada del imperfecto de los verbos de la siguiente tabla.

ir	haber	bailar	tener	querer	ser
visitar	tener	dormirse	comer	preparar	

José: Maite, siempre he querido saber qué hacen cuando se gradúan en España. ¿Es igual que en EE.UU.?

Maite: Pues no, no es exactamente como en Estados Unidos. En algunas carreras como medicina sí que hay una ceremonia parecida a la de aquí. Pero yo estudié Filología Inglesa y en mi carrera no

(1)_____ ese tipo de ceremonias. Lo que se hace normalmente es un viaje de fin de curso a otro país. Como en

Filología Inglesa no (2) _____ muchos estudiantes,

(nosotros) (3)_____ fiestas universitarias a lo largo del curso para poder recaudar dinero. Al final no conseguimos mucho dinero, así que hicimos un viaje a Portugal. Hicimos el viaje a finales

de junio, yo ya (4) _____ 22 años entonces. Visitamos las

principales ciudades de Portugal porque (5) _____ recorrer el país de norte a sur. Nos divertimos mucho juntos. Los fines de

semana (6) _____ a la costa para disfrutar de la playa y el

sol. Por las mañanas, yo (7) _____ los lugares históricos con

mis amigas, después (8) _____ los platos típicos de cada

lugar. Todas las noches (9) _____ en clubes hasta la

madrugada. Después, (10) _____ difícil madrugar por la mañana para hacer más excursiones. A veces, alguno (11)

_____ hasta el mediodía y perdía el autobús. Pero lo pasamos genial.

José: ¡Me parece genial lo de celebrar la graduación con un viaje!

Maite: Sí, la verdad que es algo original y que siempre voy a recordar.

Actividad 7-26 Cuando era niño/a...

Paso 1

● Escriba qué hacía cuando era pequeño/a en las siguientes situaciones:

1. ¿Qué hacía cuando no quería ir al colegio?

_____

2. ¿Qué hacía cuando no quería acostarse?

_____

3. ¿Qué hacía cuando hacía mal tiempo y no podía salir afuera a jugar?

_____

4. ¿Qué hacía cuando no le gustaba la comida?

_____

5. ¿Qué deportes practicaba cuando era niño/a?

_____

❷ Paso 2

- Compare sus respuestas con las de un compañero. ¿Qué tienen en común?

Paso 3

- Ahora escriban un párrafo de cuando eran niños y sobre lo que les gustaba hacer.

Pueden responder a las siguientes preguntas: ¿Caminaba a la escuela primaria o tomaba el autobús? ¿Veía mucho la televisión? ¿Cuáles eran sus programas favoritos? ¿Le gustaba leer libros? ¿A qué jugaba con sus amigos? ¿Era buen estudiante? ¿Dormía con la luz encendida?, etc.

Actividad 7-27 Describa el lugar del accidente

Usted ha sido testigo ocular (_eyewitness_) de un accidente de tráfico, y la policía le pide que describa el lugar del accidente.

Paso 1

- Escriba un párrafo incluyendo la siguiente información y conjugue los verbos entre paréntesis en el tiempo imperfecto.

1. (Hacer) sol.
2. (Haber) mucho tránsito en la calle aquel día.
3. Mucha gente (estar) andando por la calle.
4. (Ser) las 4:30 de la tarde.
5. (yo) (Escuchar) la radio en mi coche.
6. El ciclista (venir) de la calle Licenzo.
7. El coche rojo (estar) parado en el semáforo.
8. Un peatón (estar) cruzando la calle.

Paso 2

- Termine de contar el accidente en el informe que necesita entregar a la policía como testigo ocular del accidente. (Here you may need to use some preterit forms.)

Entonces, el coche rojo...

_____

_____

_____

_____

_____

_____

Actividad 7-28 ¡Qué patoso!

● José ha estado muchas horas delante del ordenador y al levantarse se ha
  tropezado con uno de los cables. Le duele mucho el tobillo y no puede
  levantarse, así que avisa a sus amigas Elena y Maite para que lo lleven al
  médico. El doctor le está preguntando a José cómo ocurrió todo.

Lea la descripción y rellene los espacios en blanco con la forma correcta del
imperfecto de los verbos de la siguiente tabla.

estar	poder	doler	ser	necesitar	llevar	tener

«Pues mire doctor, es que _____ muchas horas delante de la
computadora porque me gusta buscar información en Internet. Pero ya

_____ dejarlo porque _____ las nueve de la

mañana y _____ que irme a clase y ni siquiera había desayunado.

Así que al levantarme para ir a la cocina, me tropecé con uno de los cables del

portátil. No _____ levantarme del suelo porque me

_____ mucho el tobillo. Examiné el tobillo y éste

_____ empezando a inflamarse, así que llamé rápidamente al
móvil de Maite para que me trajera al hospital.»

➋ Actividad 7-29 A la ventana

● Asómense a la ventana y observen detenidamente lo que ocurre durante cinco minutos. Después, escriban una descripción detallada de la escena. Pueden añadir detalles para contextualizar cada frase como en el siguiente ejemplo.

Modelo: Un chico andaba deprisa por el sendero porque seguramente llegaba tarde a clase. Dos chicas estaban hablando animadamente de una de sus clases.

Pretérito e imperfecto

We spend a good portion of our time talking telling stories—some long, some short, some fictional, some true. Some of our stories are epiclike adventures while others will simply recount the everyday activities of our lives. When you tell a story, you often do it in the past and that is where it becomes really important to move back and forth between the preterit and the imperfect. You will use the imperfect to set the stage for your story and describe your characters. You will use the preterit to move the story along its narrative path; the preterit will tell us what happens next in the story.

Imagine that you are in a theater to watch a play. As the curtain first opens you see a set with a variety of things already happening because as the theatergoer you have been transported to another time and place and are set in the middle of an ongoing story. The stage is set to orient you to this new environment: lots of things are in progress, but you don't know much about when they began or when they will end—hence you would use the imperfect to describe what is going on. Look closely at the scenes that follow. Which of the actions in each look as if they will push the story forward and which allow you to stop and take a look around? Remember that you will use the imperfect to give flavor and color to your story: you will use it to make the story come alive for your listener, but nothing definite happens in the imperfect. To advance the action of your story, you will need to use the preterit: the preterit is the storyline.

ⓖ Actividad 7-30 La vida de...

- Toda la clase va a participar en la creación de un personaje de ficción. Van a inventar su personalidad y rasgos personales y después van a describir algo que le ocurrió a esta persona ayer. Su instructor va a hacerles algunas preguntas para guiarles en esta peculiar narración de la vida de...

❷ Actividad 7-31 ¡Vaya boda!

- Examinen los siguientes dibujos sobre la accidentada boda de Lisa y Jaime y después cuenten detalladamente la historia en pasado.

La boda de Jaime y Lisa

Actividad 7-32 La aventura de Angela y Diego

- Mire los siguientes dibujos y cuente la aventura de Angela y Diego en el pasado. Narre y describa las acciones detalladamente.

G Actividad 7-33 ¡A jugar!

Paso 1

- Elijan a un miembro del grupo como secretario/a. Esta persona escribirá las respuestas del grupo. Cada estudiante tiene que contestar dos de las siguientes preguntas.

1. ¿Cuál es su actor/actriz favorito/a?
2. ¿Cuántos años tiene su madre?
3. ¿Cuál es su color favorito?
4. ¿A qué profesión quiere dedicarse en el futuro?
5. ¿Cuál es el nombre de un país?
6. Nombre una bebida con sabor a limón.
7. Nombre un animal que empiece con "l".
8. Nombre un medio de transporte.

Paso 2

- Usen las respuestas anteriores para escribir una historia en el pasado que incluya todos los elementos mencionados en las respuestas.

② Actividad 7-34 Improvisemos

Situación: Ha quedado con su novia/o y otra vez llega tarde. Desgraciadamente, esta vez lo/la ha hecho esperar una hora en un restaurante. Invente una buena excusa para explicar por qué llegó tarde.

Personajes: Los novios

¡A escribir!

For this writing activity, you will be creating a story, but you won't have to write all of it by yourself.

Actividad 7-35 Para empezar

- Va a preparar el comienzo de su historia escogiendo el nombre del personaje principal y describiendo sus características personales. Después decida dónde va a tener lugar la acción del relato.

Actividad 7-36 En el laboratorio de lenguas

Paso 1

- Grabe el comienzo de su relato.

❷ Paso 2

- Túrnense para escuchar la introducción del relato de su compañero/a y añádanle algún detalle.

Paso 3

- Escuche el casete de un/a tercer/a estudiante y añada algún detalle (diferente al anterior) a este relato. Su compañero/a hará lo mismo con su relato. Escuche los casetes de tres estudiantes más y añada algún detalle interesante a sus historias. Los detalles añadidos deben ser diferentes en todos los relatos.

Paso 4

- Ahora vuelva a su grabadora y escuche el relato hecho por sus compañeros. Llévese el casete a casa.

Actividad 7-37 La aventura

- Escuche atentamente el relato en casa una vez. Después, escúchelo de nuevo y transcríbalo. Léalo detenidamente y reflexione sobre su estructura. ¿Sigue un orden lógico? ¿Qué cambios va a hacer? ¿Será necesario añadir más detalles? ¿Va a eliminar algunas partes? ¿Tiene el relato un final convincente o interesante? ¿Hay que re-escribir el final? Haga todos los cambios necesarios para lograr un buen relato.

Actividad 7-38 Redacción

- Ahora lea el relato otra vez y céntrese en el lenguaje y en las estructuras gramaticales. Use la siguiente lista para editarlo antes de entregárselo a la profesora/al profesor.

- ❏ Concordancia de sujeto y verbo
- ❏ Concordancia entre sustantivos y adjetivos
- ❏ Vocabulario apropiado
- ❏ Ortografía
- ❏ ¿Siguen un orden lógico las acciones?
- ❏ Uso de conectores o transiciones entre las oraciones como *entonces*, *además*, etc.
- ❏ Terminaciones apropiadas para pretérito e imperfecto
- ❏ Uso apropiado del pretérito y el imperfecto

Contextos

G **Actividad 7-39** Informes

Situación: El accidente ocurrió cuando cuatro coches entraron a la vez en una intersección sin ceder el paso. No hubo ningún herido grave pero el problema es que ninguno de los conductores involucrados en el accidente dice tener la culpa. Cada conductor tiene que declarar ante la policía su versión de los hechos.

Conductores de los vehículos: Cada conductor tiene que explicar su versión de lo ocurrido, aportando detalles de lo que estaba haciendo antes, durante y después del accidente. Puede hacer un dibujo sobre el lugar del accidente, puede llamar a alguien para que testifique a su favor, etc.

La policía: El resto de la clase va a investigar el accidente. Después de escuchar a cada conductor, en grupos de tres o cuatro estudiantes preparen preguntas para todos y finalmente reúnanse y decidan quién es culpable.

2 **Actividad 7-40** Anuncio

Paso 1

● Hagan un anuncio de un servicio público advirtiendo sobre la necesidad de prevenir accidentes en el hogar. Piensen a quién va dirigido este anuncio (*audience*) y decidan un «eslogan» que capte la atención del ciudadano. También incluyan un dibujo, símbolo, mascota, etc. para su campaña publicitaria.

Paso 2

● Impriman su anuncio y escriban una guía con consejos y recomendaciones fundamentales para que su campaña sea un éxito.

NOTA CULTURAL

El 60% de los conductores españoles usan su cinturón de seguridad en zonas urbanas.
Fuente: Revista Tráfico

Vocabulario

el accidente	accident	la herida	wound
el acetaminofen	acetaminofen	herir	to wound
la ambulancia	ambulance	el hueso	bone
el antiséptico	antiseptic	el manillar	handlebars
la aspirina	aspirin	las muletas	crutches
atropellar	to run down	la muñeca	wrist
la barbilla	chin	la nariz	nose
la bicicleta	bicycle	el ojo	eye
el brazo	arm	el/la paciente	patient
la cabeza	head	el parabrisas	windshield
la camilla	stretcher	el parachoques	bumper
el camión	truck	el pie	foot
el casco	helmet	la pierna	leg
la cicatriz	scar	las pinzas	tweezers
el coche	car	los puntos	stiches
chocar	to crash	los rayos X	x-rays
el choque	the crash	la rodilla	knee
la curita/ tirita	small bandage	la rueda	wheel
dañar	to damage	la sangre	blood
el dedo	finger	el semáforo	traffic light
el doctor/la doctora/ el/la médico	doctor	el termómetro	thermometer
la/el enfermera/o	nurse	las tijeras	scissors
los faros/ los focos	headlights	las vendas adhesivas	Bandaids
la frente	forehead	las vendas	bandages
las gasitas	gauze strips	la víctima	victim
hacerse daño	to get hurt	el yeso/ la escayola	cast

Capítulo 8

Linguistic function
- Commenting on actions

Structural focus
- Forms of the subjunctive, subjunctive after verbs of influence and impersonal expressions

Review
- Impersonal **se**, passive **se**, and informal commands

Una vida saludable

245

Lluvia de ideas

G Actividad 8-1 ¿Es un vicio?

Paso 1

- ¿Qué se ve en cada una de las fotos?

1. _____

2. _____

3. _____

4. _____

Paso 2

- ¿Son todas estas actividades vicios? ¿Por qué sí o por qué no? ¿Puede algo bueno «en exceso» convertirse en un vicio?

_____

_____

_____

_____

Actividad 8-2 Malos hábitos

Paso 1

● Lea la siguiente lista de «malos hábitos» e indique si usted los tiene.

Malos hábitos	Sí	No
Morderse las uñas. (*Bite one's nails*)	❑	❑
Hurgarse la nariz.	❑	❑
Enrollarse el pelo.	❑	❑
Fumar.	❑	❑
No hacer mucho ejercicio.	❑	❑
Mirar demasiada televisión.	❑	❑
Dejarlo todo para el último día.	❑	❑

G Paso 2

- Levántense y pregunten a sus compañeros de clase si tienen estos malos hábitos. Escriban sus nombres.

Hábitos	Nombres
Morderse las uñas.	_____
Hurgarse la nariz.	_____
Enrollarse el pelo.	_____
Fumar.	_____
No hacer mucho ejercicio.	_____
Mirar demasiada televisión.	_____
Dejarlo todo para el último día.	_____

G Actividad 8-3 Dejen el hábito

Paso 1

- Formen grupos de cuatro estudiantes que tengan los mismos malos hábitos. En su grupo, hagan una lista de todas las razones para dejar el hábito. Comparen sus respuestas con las de otros grupos.

Paso 2

- Piensen en al menos tres medidas (*measures*) que se pueden tomar para dejar sus malos hábitos y escríbanlas.

2 Actividad 8-4 Confesiones

Paso 1

- Escriban una carta en que una persona confiesa un vicio o mal hábito a otra persona. (No tiene que ser un vicio verdadero.)

Paso 2

- Intercambien su carta con otra pareja de estudiantes y léanla. Después respondan a sus compañeros recomendándoles algo que pueden hacer para dejar su mal hábito.

G Actividad 8-5 Vicio o mal hábito

- ¿Cuál es la diferencia entre un vicio y un mal hábito? Escriban una definición con ejemplos de cada concepto.

_____

_____

_____

_____

_____

AUDIO ## Actividad 8-6 Siempre lo dejo todo para el último día

● Maite acaba de escuchar un mensaje en su contestador automático. Escúchelo y conteste a las preguntas.

1. ¿Por qué está preocupada la amiga de Maite?

_____

_____

_____

_____

2. ¿Qué problemas tiene?

_____

_____

3. ¿Cómo puede ayudar Maite a su amiga?

_____

_____

_____

_____

4. ¿A dónde quiere que vaya con ella? ¿Cuándo y por qué?

_____

_____

Sí, recuerdo

Repaso de gramática

Se impersonal

You have already seen the pronoun *se* used as a reflexive pronoun, e.g., *Juan se levanta*, and as a replacement for *le* in double object constructions, e.g., *Juan se lo mandó*. However, you probably remember that *se* can also be used when you want to express something in an impersonal manner.

Se entra por esta puerta.	*One enters through this door.*
No se puede fumar.	*One cannot smoke.*
¿Cómo se dice?	*How does one say?*
Se estudia mucho en la universidad.	*One studies a lot in college.*

When using the impersonal *se*, you will combine *se + verbo*. Study the examples to determine what person the verb be written in. _____

Se pasivo

You will use the passive *se* when there is no true agent doing the action in the sentence. However, although there is no agent, there is still a subject, hence the agreement between *libros, sellos, la computadora, la novela* and their verbs as you see in the examples below.

Se compra<u>n</u> <u>libros</u> en la librería.	*Books are bought in the bookstore.*
Se vend<u>en</u> <u>sellos</u> en la oficina de correos.	*Stamps are sold at the post office.*
Se necesit<u>a</u> <u>la computadora</u>.	*The computer is needed.*
Se escrib<u>ió</u> <u>la novela</u> en 1932.	*The novel was written in 1932.*

Actividad 8-7 En la oficina de Relaciones Internacionales

• Maite está escribiendo un e-mail a un grupo de estudiantes internacionales que quieren venir a estudiar a su universidad. Quieren saber cuáles son las actividades típicas de los estudiantes en Estados Unidos. Cambie su lista de frases de la forma plural a una frase en donde se use el *se* impersonal.

Para: estudiantesintern@list.univ.edu
De: Maite ⟨maite@univ.edu⟩

Asunto: Lo que se hace en esta universidad
¡Hola a todos! Me alegro de que estén tan interesados en esta universidad. Muchos de ustedes me han preguntado cuáles son las actividades más comunes de los estudiantes aquí. Bien, aquí se las mando:

Modelo: Comen en la cafetería.
Se come en la cafetería.

1. Estudian mucho, aunque a veces algunos lo dejan todo para el último día.

_____

2. Normalmente, hacen la tarea por la noche.

_____

3. El primer año suelen vivir en residencias.

_____

4. Practican algún deporte.

_____

5. Escuchan música y van a muchos conciertos.

_____

6. Usan mucho Internet y el e-mail.

_____

Si tienen alguna otra pregunta, no duden en contactarme.
Un saludo,
Maite.

Actividad 8-8 Una velada romántica

● José necesita ayuda; quiere saber cuáles son los preparativos para una velada
  romántica. Quiere que todo salga perfecto. Ayúdele a completar las ideas que
  ya tiene. Escriba las frases usando el _se_ pasivo.

1. Comprar/flores.

_____

2. Preparar/una comida especial.

_____

3. Decorar/el apartamento.

_____

4. Encender/unas velas

_____

5. Enfriar/el champán.

_____

6. Servir/la comida.

_____

Actividad 8-9 Las dietas y la comida

- Un amigo suyo quiere adelgazar (*to lose weight*) unos cinco kilos. Ha ido a ver al doctor que le ha dado unas recomendaciones generales. Cambie las frases a una construcción donde se use el *se*.

1. Poder adelgazar comiendo 300 calorías menos cada día.

_____

2. No comer después de las siete de la noche.

_____

3. Recomendar 30 minutos de ejercicios cada día.

_____

4. Deber preparar comidas sanas.

_____

5. Decir que es bueno comer con moderación.

_____

6. Aconsejar que es mejor beber poco alcohol.

_____

7. Sugerir una dieta variada.

_____

❷ Actividad 8-10 La prensa en la red

Muchas veces se puede encontrar el *se* pasivo o el *se* impersonal en los titulares de los periódicos. Busquen unos titulares de periódicos en la red.

Paso 1

- Busquen frases donde se use el *se*. Escríbanlas e indiquen qué uso han encontrado. Después compartan sus ejemplos con los otros estudiantes de la clase.

_____

_____

_____

_____

_____

_____

Paso 2

● Tomando como modelo el artículo que han leído en Internet, escriban algunos titulares relacionados con acontecimientos que han pasado en su campus recientemente.

_____

_____

_____

_____

_____

Después, léanlos en grupos de tres estudiantes.

Mandatos familiares

In Chapter 7 you reviewed the formal commands and their form and function. As you probably remember, there are also a series of informal commands that would be used with people with whom you are familiar. In the illustrations above, there are a series of informal singular commands. Write them out below.

_____

_____

_____

_____

_____

_____

You will notice that there are two different patterns that you can use for informal commands depending on whether the command is affirmative or negative. What form of the verb will you use for the affirmative *tú* command? _____ What form of the verb will you use for the negative *tú* command?

_____ Where will you place the direct and indirect object pronouns in an affirmative *tú* command? _____ Where will you place the direct and indirect object pronouns in a negative *tú* command?

_____

Write informal commands to accompany the following illustrations.

_____

_____

_____

_____

There are, of course, several verbs that have irregular forms for the informal commands. Try and write down the irregular forms that you remember without looking at the chart on the next page.

decir	_____
hacer	_____
ir	_____
poner	_____
salir	_____
ser	_____
tener	_____
venir	_____

There are also *vosotros* commands, which are used mainly in Spain. They are the plural informal commands and you will find these forms in the chart below. In much of the Spanish-speaking world, formal plural commands are used in place of the informal plural command.

Verbo	tú		vosotros	
	afirmativo	negativo	afirmativo	negativo
charlar	charla	no charles	charlad	no charléis
comer	come	no comas	comed	no comáis
vivir	vive	no vivas	vivid	no viváis
decir	di	no digas	decid	no digáis
hacer	haz	no hagas	haced	no hagáis
ir	ve	no vayas	id	no vayáis
poner	pon	no pongas	poned	no pongáis
salir	sal	no salgas	salid	no salgáis
ser	sé	no seas	sed	no seáis
tener	ten	no tengas	tened	no tengáis
venir	ven	no vengas	venid	no vengáis

Actividad 8-11 Una vida más sana

Paso 1

• A continuación hay varios consejos para llevar una vida más sana. Escriba los consejos en forma de mandatos informales.

1. Dormir por lo menos 6–8 horas diarias.

_____

2. Llevar una dieta equilibrada.

_____

3. Dormir la siesta.

_____

4. Beber con moderación.

_____

5. No fumar.

_____

6. Comprarse una mascota.

_____

7. Hacer ejercicio.

_____

8. Ir al médico una vez al año.

_____

9. Reírse mucho.

10. No complicarse la vida.

Paso 2

- Escriba una lista de sus hábitos saludables y no saludables en relación a la comida que toma, las horas que duerme, la planificación de su tiempo...

Hábitos saludables

Hábitos no-saludables

Paso 3

- Compare su lista con la de sus compañeros.

¿Cuál es su mejor hábito?

¿Cuál es su peor costumbre?

Paso 4

- Propóngase mejorar uno de sus malos hábitos para la próxima semana.

¿Qué mal hábito va a intentar mejorar?

¿Qué medidas va a tomar?

Actividad 8-12 ¿Qué me recomiendas?

- Maite tiene un proyecto importante para su clase de inglés. Ella le ha pedido consejos a un amigo que hizo un proyecto semejante para esta clase el semestre pasado. A continuación tiene las recomendaciones que le dio su amigo. Cambie las formas del infinitivo al mandato informal.

1. Empezar con bastante antelación.

2. No dejarlo para el último día.

3. Buscar un tema interesante.

4. Pedir ayuda a los bibliotecarios.

5. Hablar con la profesora después de escoger su tema.

6. Utilizar todos los recursos disponibles.

7. Escribir un borrador y dárselo a la profesora/al profesor.

8. Leer los comentarios de la profesora/al profesor.

9. Redactar el ensayo.

10. Entregarlo a tiempo.

❷ Actividad 8-13 ¡Angela, ten cuidado!

● Angela sabe que puso en peligro su vida debido a sus ansias de conseguir una exclusiva para su periódico. ¿Qué consejos tienen para Angela en el futuro?

❷ Actividad 8-14 ¿Niño/a mimado/a?

Paso 1

● ¿Cuál es el comportamiento típico de un niño mimado (*spoiled*)? Con su compañero/a piensen en qué es lo que hace y no hace un/una niño/a mimado/a.

Paso 2

● Muchos padres miman a sus hijos porque quieren que tengan lo mejor. Pero a veces es necesario que estos niños sean más responsables y maduren un poco. ¿Qué consejos pueden dar a un padre/una madre para que sus hijos no estén tan mimados?

② **Actividad 8-15** Improvisemos

Situación: Maite tiene problemas con su computadora y llama por teléfono para pedir ayuda al departamento de computadoras de su universidad. Decidan cuál es el problema y denle una serie de consejos a Maite para arreglar la computadora.

Personajes: Maite y el/la experto/a en computadoras

Vocabulario

la ira   la gula   la avaricia   la soberbia   la envidia   el odio   la lujuria

Actividad 8-16 Definiciones

● Mire los dibujos e identifique quién es un adicto al trabajo. ¿Qué dibujo representa el estrés?, etc. Después, escriba una definición en español de las siguientes palabras.

1. adicto al trabajo

_____

2. apostar

_____

3. el alcoholismo

_____

4. el estrés

_____

5. la confitería

_____

6. emborracharse

_____

7. el humo

_____

8. el vicio

_____

9. la grasa

_____

10. el sobrepeso

_____

Actividad 8-17 Palabras asociadas

● Subraye la palabra que no está relacionada con el resto. Explique el porqué en español.

1. vicio	avaricia	alcoholismo	pastel

porque _____

2. el humo	el peso	la grasa	la caloría

_____

3. los dulces	el vino	los bombones	el chocolate

_____

4. las drogas	el vino	el café	el cigarrillo

5.	la marihuana	la cocaína	el tabaco	la heroína
6.	beber alcohol	fumar	tomar drogas	hacer ejercicio
7.	el vino	la cerveza	el café	el cigarrillo
8.	el fumar	la ira	la gula	la avaricia
9.	emborracharse	adelgazar	ponerse a dieta	hacer ejercicio

❷ Actividad 8-18 El gato Rodolfo

● Examinen los dibujos y después cuenten la historia del gato Rodolfo.

Paso 1

● Antes de hacer el debate lean la información sobre los efectos del uso prolongado del alcohol que viene a continuación y busquen más información sobre el alcohol en Internet para prepararse para el debate.

El día después

Malestar general

Tras una noche de copas, el cuerpo tiene que lograr recuperar el equilibrio químico, y esto lleva al menos 24 horas.

Temblores

El alcohol estimula la producción de insulina y hace que se reduzcan los niveles de glucosa en sangre. Estos bajos niveles son responsables de que se produzcan temblores.

Dolor de Cabeza

La deshidratación en el cerebro afecta a sus neurotransmisores, lo que, unido a una dilatación de los vasos sanguíneos, produce jaquecas y cefaleas.

Sin Apetito

A las 24 horas provoca la llamada esteatosis, o depósito de grasas. Como el hígado quiere metabolizar rápido el alcohol, se olvida de eliminar los lípidos (grasas y triglicéridos) en sangre, y esto provoca sensación de saciedad.

A largo plazo
Cirrosis

El consumo abusivo durante largos períodos afecta sobre todo al hígado y puede provocar cirrosis.

En el páncreas

Genera acumulación de grasa en las células, lo que puede inflamar el páncreas y producir dolor. Aunque éste remita, la lesión puede ser irreversible.

Anemia

Para metabolizar el etanol se consumen vitaminas, y esto produce hipovitaminosis. Descienden los valores de ácido fólico y de hierro, y llega a producir anemia.

Cáncer

Por cada 20 gramos de alcohol consumidos diariamente se incrementa el riesgo de cáncer en la cavidad oral un 19%, de faringe un 24%, y de laringe un 30%.

Osteoporosis

En la mujer provoca menopausia precoz y aumenta el riesgo de osteoporosis.

Paso 2

Debatan el uso y el abuso de alcohol los estudiantes de universitarios.

AUDIO **Actividad 8-20** Una invitación muy especial

Maite ha conseguido por fin que su computadora funcione y acaba de recibir un mensaje con una invitación especial. Corriendo ha llamado a Elena para contárselo todo.

Paso 1

● Escuche la conversación entre las dos amigas y luego conteste a las siguientes preguntas:

1. ¿Qué ha recibido Maite exactamente? ¿De quién? ¿En qué consiste la invitación?

_____

_____

2. ¿Cuál es el propósito de la invitación según el mensaje? Sea específico.

_____

_____

3. ¿Crees que el admirador de Maite es sincero? ¿Por qué?

_____

4. ¿Por qué está Maite nerviosa?

_____

Paso 2

● Decida si las siguientes afirmaciones son verdaderas (V) o falsas (F) según la conversación que acaba de escuchar entre Maite y Elena.

1. Maite acaba de recibir una invitación por correo. V/F

2. El admirador ha invitado a Maite a una fiesta en su piso. V/F

3. Maite está nerviosa porque no sabe qué ropa llevar esa noche. V/F

4. Elena está celosa (*jealous*) de que Maite tenga un admirador y ella no. V/F

Lectura temática

Actividad 8-21 ¿Qué tienen en común?

Las Autoridades Sanitarias advierten que el tabaco perjudica seriamente la salud.

● Lea la siguiente lista de nombres. ¿Sabe qué tienen en común todos estos famosos?

Humphrey Bogart	Walt Disney
John Wayne	Yul Brynner
Clark Gable	Bob Marley

Actividad 8-22 Antes de leer

Paso 1

- Rellene el siguiente cuestionario creado por los «Centros para el control y la prevención de enfermedades».

Afirmaciones	De acuerdo	En desacuerdo	No sé/sin opinión
El ver a alguien fumar me aleja de él.	❏	❏	❏
Prefiero tener una relación con alguien que no fume.	❏	❏	❏
No es malo fumar, si se hace sólo por un año o dos.	❏	❏	❏
El fumar te ayuda cuando estás aburrido.	❏	❏	❏
El fumar reduce el estrés.	❏	❏	❏
El fumar ayuda a no aumentar de peso.	❏	❏	❏
Mascar tabaco causa cáncer.	❏	❏	❏
Me molesta mucho estar junto a los fumadores.	❏	❏	❏

Paso 2

- Lea los resultados del cuestionario que acaba de hacer. ¿Le han sorprendido los resultados? ¿Por qué sí o por qué no?

Afirmaciones	De acuerdo	En desacuerdo	No sé/sin opinión
El ver a alguien fumar me aleja de él.	67%	22%	10%
Prefiero tener una relación con alguien que no fume.	86%	8%	6%
No es malo fumar si se hace sólo por un año o dos.	7%	92%	1%
El fumar te ayuda cuando estás aburrido.	7%	92%	1%
El fumar reduce el estrés.	21%	78%	3%
El fumar ayuda a no aumentar de peso.	18%	80%	2%
Mascar tabaco causa cáncer.	95%	2%	3%
Me molesta mucho estar junto a fumadores.	65%	22%	13%

Actividad 8-23 Cognados

- A continuación tiene una lista de cognados que aparecen en el artículo. Defínalos en español.

1. atrapado/a _____

2. la nicotina _____

3. el cigarro _____

4. incrementar _____

5. el oxígeno _____

6. los músculos _____

7. las úlceras _____

8. aspirar _____

9. el esfuerzo _____

10. comunitario _____

Esai creció en Brooklyn, Nueva York, con su madre. De niño, se preocupaba mucho por su mamá, ya que fumaba y él para ayudarla solía *esconder* sus cigarrillos. Finalmente, ella dejó de fumar y ahora está saludable y feliz. Esai se coloca tanto detrás de la cámara como director, como delante de ella, para mostrar —de forma *conmovedora*— lo importante que es para quienes son responsables de niños pequeños y en especial los padres, el "dejar de fumar" por aquellos que uno ama.

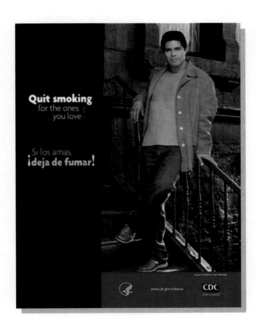

esconder = hide
conmovedora = moving, touching

Lo que los jóvenes deben saber acerca del tabaco

El tabaco y los deportes

No te quedes atrapado. La nicotina de los cigarillos, los puros y el tabaco para mascar crea adicción.
La nicotina reduce el tamaño de tus *vasos sanguíneos* e incrementa la presión arterial de tu corazón.

El fumar puede destruir tus pulmones y reducir la cantidad de oxígeno que reciben los músculos cuando practicas algún deporte.

A las personas que fuman les cuesta hasta tres veces más el aspirar que a los no fumadores. Los fumadores corren más despacio y tienen menos resistencia lo que afecta negativamente a la hora de practicar deportes.

vasos sanguíneos = blood vessels
apesten = stink
mancha = stains
mal aliento = bad breath
se agrieten = crack

No te confíes ya que ni los puros ni el tabaco de mascar son alternativas saludables.

El tabaco y la apariencia personal

¡Aagh! El humo de tabaco hace que el pelo y la ropa *apesten*.

El tabaco *mancha* los dientes y causa *mal aliento*.

El mascar tabaco causa a corto plazo que *se agrieten* los labios, y que aparezcan manchas blancas, úlceras y heridas en la boca.

La cirugía necesaria para quitar el cáncer bucal provocado por el tabaco puede dejar cambios drásticos en la cara.

Por ejemplo, Sean Marcee, un deportista de preparatoria que tomaba tabaco de mascar, murió de cáncer a los 19 años de edad.

Así que...

Es importante saber la verdad sobre el tabaco. A pesar de que constantemente aparece gente fumando en la televisión, las películas, los videos musicales, los anuncios publicitarios y las revistas, la mayoría de los adolescentes, adultos y deportistas NO consumen ningún tipo de tabaco.

Lleva una vida sana, practica deportes, controla tu peso, sé independiente, sé agradable... diviértete.

No gastes tu dinero en tabaco. Úsalo para comprar libros, música, ropa, juegos de computadora y películas.

Promociona la disminución del tabaco en tu entorno: informa del peligro del tabaco a tus familiares, amigos y conocidos. Únete a las campañas para evitar el uso del tabaco.

Actividad 8-24 Después de leer

- Conteste a las siguientes preguntas:

1. Nombre algunos productos que contienen nicotina.

2. ¿Cuáles son los efectos del tabaco en los deportistas?

3. ¿Cuáles son los peligros de la nicotina?

4. ¿Por qué decidió Esai Morales unirse a la campaña contra el tabaquismo?

Actividad 8-25 Debate

- A pesar de los efectos negativos del tabaco, hay muchas personas que continúan fumando. En los últimos años, las leyes de diferentes países han limitado los derechos de los fumadores para evitar los efectos negativos del tabaco en los fumadores pasivos. Divídanse en grupos pequeños para debatir los derechos de los fumadores y los no fumadores.

Actividad 8-26 Improvisemos

Situación: Un programa de radio tiene hoy como tema «Quiero fumar». Hay un/a locutor/a que presenta el tema al público y dos invitados que van a expresar sus opiniones contrarias.

Personajes: Locutor/a, fumador/a, ex-fumador/a.

Gramática

El subjuntivo

You have studied a number of tenses that belong to the indicative mood (reporting intention) in Spanish. However, there is a subjunctive mood as well that you will use to express emotion, doubt, recommendation, hope..., that is, when you are reporting on information (an event or a situation) that you feel is not true or not yet true (anticipating intention), or when you are trying to influence others in their future behavior. You will also be able to talk about the hypothetical or improbable, commenting on the goodness or badness of a situation with evaluative expressions. The subjunctive will provide you with the opportunity to add nuance and flavor to your conversations!

El presente de subjuntivo

You have already seen the basis of this form in the formal commands. Go through this episode of ¡Ay mi corazón! and write down the examples of the subjunctive that you encounter. Remember that they will look like the formal commands.

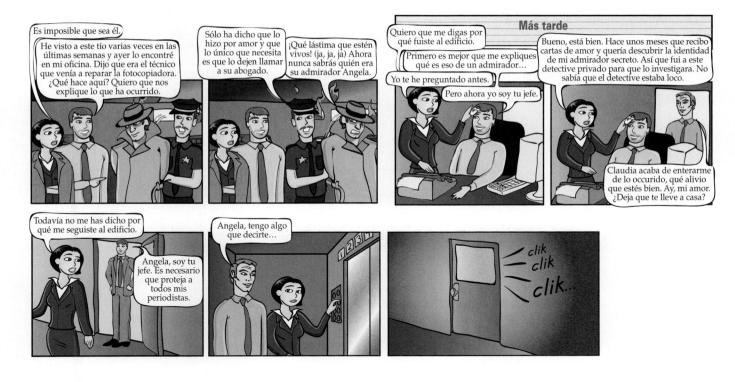

Es imposible que _____ él.

Quiero que nos _____ lo que ha ocurrido.

Lo único que necesita es que le _____ a su abogado.

¡Qué lástima que ustedes _____ vivos!

Quiero que me _____ por qué fuiste al edificio.

Primero es mejor que me _____ qué es eso de un admirador secreto.

Qué alivio que _____ bien.

¿Quieres que te _____ a casa?

Es necesario que yo _____ a mis periodistas.

Although you only learned the *usted* and *ustedes* form of the formal command, you should be able to fill in the entire paradigm for a regular verb. Fill in the charts for the verb *llamar* with the present subjunctive.

llamar	
llame	_____
_____	_____
_____	_____

Now try these other two regular verbs in the present subjunctive: *correr* and *escribir*.

correr	
corra	_____
_____	_____
_____	_____

escribir	
escriba	_____
_____	_____
_____	_____

You have already seen the verb *ser* in its formal command form and in the example above. Write out its full paradigm in the present subjunctive.

ser	
_____	_____
seas	_____
_____	_____

TERMINACIONES PARA EL SUBJUNTIVO			
-ar		**-er/-ir**	
-e	-emos	-a	-amos
-es	-éis	-as	-áis
-e	-en	-a	-an

Remember that stem-changing verbs (o → ue, e → ie) from the -ar and -ir conjugations will also demonstrate this change in all the forms of the subjunctive except for the *nosotros* and *vosotros* forms.

encontrar		perder	
encuentre	encontremos	pierda	perdamos
encuentres	encontréis	pierdas	perdáis
encuentre	encuentren	pierda	pierdan

Verbs that display orthographic changes will also carry those changes throughout the entire present subjunctive paradigm.

empezar		conducir	
empiece	empecemos	conduzca	conduzcamos
empieces	empecéis	conduzcas	conduzcáis
empiece	empiecen	conduzca	conduzcan

Stem-changing (e → i)

In the -ir conjugation, this stem change will occur throughout the paradigm.

pedir		servir	
pida	pidamos	sirva	sirvamos
pidas	pidáis	sirva	sirváis
pida	pidan	sirva	sirvan

Stem-changing (e → ie, e → i) (o → ue, o → u)

There are a handful of -ir verbs that exhibit two different stem changes. The stem changes e → ie and o → ue will occur in all forms except *nosotros* and *vosotros* where the e → i and o → u change will appear.

sentir		dormir	
sienta	sintamos	duerma	durmamos
sientas	sintáis	duermas	durmáis
sienta	sientan	duerma	duerman

VERBOS IRREGULARES

verbo	raíz/yo	verbo	raíz/yo
caer	caiga	saber	sepa
conocer	conozca	salir	salga
dar	dé	ser	sea
estar	esté	tener	tenga
hacer	haga	traer	traiga
ir	vaya	venir	venga
poner	ponga		

El subjuntivo con verbos que expresan influencia sobre otros o expresiones de valoración

The subjunctive most often appears in a complex sentence, which means a sentence that has (at least) two clauses. In the independent clause the main verb's meaning may determine the choice of mood in the dependent clause. The main clause usually comments upon, evaluates, or influences the actions in the dependent clause.

Es bueno que Angela y Diego hablen sobre su experiencia.

(Commenting on situation)

Es natural que Angela esté cansada.

(Commenting on situation)

Quiero que Angela salga conmigo.

(Expressing influence)

Prefiero que Angela no vaya a edificios abandonados.

(Expressing influence)

There are a series of verbs and expressions whose meanings express influence or evaluate a proposition. You should become familiar with them so that when you use them to comment about an event or situation, you realize that they tend to be used with the subjunctive.

Verbos de influencia sobre otros	Expresiones de valoración
querer	es bueno
necesitar	es malo
recomendar	no creer
es recomendable	es importante
sugerir	es conveniente
desear	es ridículo
preferir	es una lástima
es preferible	es terrible
es necesario	es posible
es preciso	es imposible
aconsejar	es mejor
insistir en	ojalá
pedir	quizás
mandar	

Hints

- In most cases, you will need a complex sentence (one with two clauses) in order to use the subjunctive.

  Modelo: Es interasante que Rafael quiera ayudarle a Angela.

  Main clause   Dependent clause

- You will usually use the conjunction «que» to link the comment clause to the clause being commented upon.

  Modelo: El detective no quiere que Angela sepa la identidad de su admiradora.

  Links the clauses together

- There will be a change of subject between the clauses.

  Modelo: Diego prefiere Angela le explique sus acciones.

  Change of subject

- You will note that in the independent clause, there is a verb expressing influence or evaluating the action in the dependent clause.

  Modelo: Angela prefiere que Diego le diga por qué fue al edificio.

  Verb of influence

Es bueno visitar a los amigos.	vs.	Es bueno que visites a los amigos.
It's good to visit your friends.		*It's good that you visit your friends.*
Quiero ir contigo.	vs.	Quiero que vayas conmigo.
I want to go with you.		*I want you to go with me.*

Actividad 8-27 ¡Ayude a José!

José está un poco preocupado porque quiere que Maite esté muy impresionada con la velada romántica que ha preparado.

Paso 1

- Escríbale a José unos consejos para que todo vaya bien.

  Modelo: Vestirse mejor.
  Le aconsejo que se vista mejor.

1. Afeitarse la barba.

_____

2. Cepillarse los dientes.

_____

3. Arreglarse el pelo.

_____

Y cuando llegue Maite...

4. Poner música clásica.

_____

5. No estar nervioso y ser natural con ella.

_____

6. Hablar de sus clases.

_____

7. Saber más sobre su familia.

_____

Paso 2

- ¿Puede pensar en más consejos para José? Escríbaselos.

_____

_____

_____

_____

Actividad 8-28 Dieta para el corazón

- Lea las recomendaciones de la FDA para llevar una dieta sana para el corazón y reescriba las recomendaciones usando el subjuntivo.

Comenzar una dieta baja en grasas saturadas.

Añadir a su dieta alimentos ricos en grasas monosaturadas como el aceite de oliva.

Consumir alimentos que contengan grasas polisaturadas que se encuentran en las plantas y otros alimentos marinos.

Escoger una dieta baja en grasas.

Llevar una dieta moderada en sal y sodio.

Mantener un peso saludable.

Comer cereales, frutas y vegetales en abundancia.

Dieta Para Un Corazón Saludable

Actividad 8-29 ¡Es un desastre!

- Amelia tiene un nuevo asistente que es el sobrino del director de la compañía. Desgraciadamente, no hace bien su trabajo y aunque Amelia no quiere despedirle tampoco puede continuar así. Utilice el subjuntivo para darle consejos.
  Es necesario que, es importante que, te recomiendo que, (no) es bueno que,...

1. Llegar a tiempo cada día.

2. No masticar chicle.

_____

3. Contestar el teléfono de una manera educada.

_____

4. No pelearse con los otros empleados.

_____

5. No llevar ropa sucia y sin planchar a la oficina.

_____

6. Hacer su trabajo rápidamente.

_____

7. No leer novelas mientras trabaja.

_____

8. No mandar mensajes personales desde la computadora.

_____

9. No fumar en la oficina.

_____

10. Aprender a usar la fotocopiadora.

_____

Actividad 8-30 ¿Qué hago, doctora?

● Lea la carta de una madre desesperada y la respuesta de la doctora. Rellene los espacios en blanco con el subjuntivo o el infinitivo según el contexto.

Estimada Doctora:

Le escribo porque estoy preocupada por mi hija de cuatro años. ¡Tiene la mala costumbre de hurgarse la nariz! Le he pedido cien veces que no lo (1) (hacer)

_____ en público pero no quiere (2) (escucharme) _____. Lo peor es que lo hace en todas partes. ¡Qué vergüenza! Casi no podemos salir de casa. Sé

que es natural que la niña lo (3) (hacer) _____ de vez en cuando, pero no

quiero que los otros niños (4) (burlarse) _____ de ella. Al principio no me

preocupé mucho pero ahora es necesario (5) (hacer) _____ algo al respecto. ¿Qué me aconseja?

Una madre preocupada.

Estimada madre preocupada:

Entiendo que quiera que su niña no (6)(hurgarse) _____ la nariz en

público. Primero, le recomiendo que le (7) (explicar) _____ que hurgarse

la nariz no es saludable. Es malo que (8) (meterse) _____ el dedo en la

nariz porque puede infectarse y es muy feo que ella lo (9) (hacer) _____ en

público. Es necesario que ella (10) (aprender) _____ a usar un pañuelo. Le

sugiero que le (11) (comprar) _____ una caja especial de pañuelos a su hija. Cada vez que se meta el dedo en la nariz, es preciso que le (12) (decir)

_____ que debe usar los pañuelos para limpiarse. Es importante que usted

no (13) (enojarse) _____ mucho porque así le hace demasiado caso. Le
prometo que con su ayuda esa mala costumbre desaparecerá en unas semanas.

❷ Actividad 8-31 Cenicienta

Paso 1

- Por ser muy cariñosa y caritativa, la Cenicienta ha decidido permitir que sus
  hermanastras vivan con ella en el palacio, pero les ha puesto unas condiciones
  muy estrictas para protegerse de los malos hábitos de sus hermanastras.
  Escriba la lista que debe dar a sus hermanastras usando el subjuntivo.

    Modelo: Es necesario que no me hagan lavar su ropa.

Paso 2

- ¿Cómo son sus compañeros de cuarto? ¿Son ordenados? Escriba al
  menos cuatro condiciones que les pondría a sus compañeros (¡o se
  pondría a sí mismo!) para que la convivencia en su apartamento o
  cuarto fuera buena.

Actividad 8-32 Improvisemos

Situación: Hay dos compañeros/as de cuarto que tienen algunas
dificultades en la convivencia. Han decidido hablar con un/a consejero/a de la
universidad para pedirle ayuda.

Personajes: Un/a consejero/a y dos estudiantes

Estudiante 1: Es usted una persona muy organizada y limpia. Limpia todo el
tiempo y le molesta la desorganización. Su obsesión por la limpieza le vuelve
loco/a a su compañero/a de cuarto.

Estudiante 2: Es una persona poca organizada. No le gusta limpiar mucho pero sí
friega los platos cada dos días. Deja su ropa en el suelo pero es muy amable y
tiene buen sentido del humor. Su falta de organización le vuelve loco/a a su
compañero/a.

Consejero/a: Su función es lograr que los dos compañeros de cuarto lleguen a un
acuerdo y establezcan unas reglas básicas de convivencia.

¡A escribir!

El problema

En este capítulo ha leído sobre varios vicios, malas costumbres y malos hábitos.
Ahora tiene la oportunidad de pedir consejos sobre uno de estos malos hábitos. El
mal hábito puede ser real o imaginario.

Querida Abby,

Mi novia ya no me quiere

Querida Abby:

Mi hermana se cree perfecta

Querida Abby—

Estoy loca por el novio de mi amiga

Querida Abby

Mis padres no me entienden

Actividad 8-33 Para empezar

Paso 1

- Escriba una lista de vicios, malos hábitos y malas costumbres que le preocupen.

_____

_____

_____

_____

_____

_____

Paso 2

- De entre todos los vicios y malos hábitos que ha pensado antes, escoja uno. La forma de este ensayo será una carta al estilo «Querida Abby». ¿Será una carta seria o cómica? ¿Realista o ridícula? En la carta debe describir su problema (real o ficticio) y pedir consejos.

Presentación del problema:

_____

_____

_____

_____

Situaciones donde su mal hábito ha provocado conflictos:

_____

_____

_____

_____

¿Qué solución busca?

_____

_____

_____

_____

Actividad 8-34 La redacción

- Redacte su carta usando esta lista.

❏ Concordancia de sujeto y verbo
❏ Concordancia entre sustantivos y adjetivos

- ❏ Vocabulario apropiado
- ❏ Ortografía
- ❏ Uso de palabras de transición como entonces, además, etc.
- ❏ Terminaciones apropiadas para el pretérito e imperfecto
- ❏ Uso apropiado del pretérito e imperfecto
- ❏ Uso del subjuntivo después de verbos que expresan influencia u opinión

Entregue dos copias de la versión final al profesor/a la profesora.

Ⓖ Actividad 8-35 En clase

Paso 1

- Lean sus cartas y escojan la que más les guste.

Paso 2

- Intercambien su carta con la de otro grupo. Lean la carta y respóndanla como si fueran «Querida Abby». Escriban una serie de recomendaciones y sugerencias. No olviden utilizar el subjuntivo cuando sea necesario.

Contextos

Ⓖ Actividad 8-36 ¿Y qué pasa con Angela?

Aunque «¡Ay mi corazón!» se acabó, Angela todavía no ha descubierto la identidad de su admirador secreto.

Paso 1

- Reflexione con su grupo sobre las siguientes preguntas:

¿Por qué Diego siguió a Angela al edificio abandonado?

¿Qué puede explicar el comportamiento lunático del detective?

¿Por qué entra Rafael a la oficina de Diego al final de la historia?

Paso 2

- Para su proyecto final, hagan una presentación en clase resolviendo el misterio e identificando al admirador secreto y respondiendo a las preguntas anteriores. En su presentación de clase, pueden elegir entre las siguientes posibilidades: representar una escena en que ofrezcan a la clase su conclusión, dibujar tiras cómicas adicionales con la conclusión o rodar un video con la conclusión. ¡Sean creativos y utilicen su imaginación!

Vocabulario

la adicción	addiction	emborracharse	to get drunk
adelgazar	to lose weight	la envidia	envy
un/a adicto/a al café	coffee addict	el estrés	stress
un/a adicto/a al chocolate	chocolate addict	el/la fumador/a	smoker
un/a adicto/a al trabajo	workaholic	fumar	to smoke
el/la alcohólico/a	alcoholic	el fumar	smoking
el alcoholismo	alcoholism	gastar compulsivamente	to spend compulsively
rico/a en grasa	high in fat	la grasa	fat (in foods)
apostar	to bet	la gula	gluttony
la apuesta	the bet	el humo	smoke
la avaricia	avarice	inhalar	to inhale
el billar	billiards	la ira	anger
los bombones	chocolate candies	el juego	gambling
el/la borracho/a	drunk	la lujuria	lust
la cafeína	caffeine	la moderación	moderation
la caloría	calorie	el/la narcotraficante	drug dealer
la cerveza	beer	el odio	hate
el cigarrillo	cigarette	pesar	to weigh
la confitería	sweet shop	la soberbia	pride/arrogance
consumir	to consume	la sobredosis	overdose
el chocolate	chocolate	el sobrepeso	overweight
las drogas	drugs	el tabaco	tobacco
descafeinado/a	decaffeinated	la tarjeta de crédito	credit card
los dulces	candy	el vicio	vice
la dieta	diet	vicioso/a	depraved
ponerse a dieta	to go on a diet	el vino	wine

Verb Charts

Regular Verbs: Simple Tenses

Infinitive Present Participle Past Participle	Indicative					Subjunctive		Imperative
	Present	Imperfect	Preterit	Future	Conditional	Present	Imperfect	
hablar hablando hablado	hablo hablas habla hablamos habláis hablan	hablaba hablabas hablaba hablábamos hablabais hablaban	hablé hablaste habló hablamos hablasteis hablaron	hablaré hablarás hablará hablaremos hablaréis hablarán	hablaría hablarías hablaría hablaríamos hablaríais hablarían	hable hables hable hablemos habléis hablen	hablara hablaras hablara habláramos hablarais hablaran	habla tú, no hables hable usted hablemos hablen Uds.
comer comiendo comido	como comes come comemos coméis comen	comía comías comía comíamos comíais comían	comí comiste comió comimos comisteis comieron	comeré comerás comerá comeremos comeréis comerán	comería comerías comería comeríamos comeríais comerían	coma comas coma comamos comáis coman	comiera comieras comiera comiéramos comierais comieran	come tú, no comas coma usted comamos coman Uds.
vivir viviendo vivido	vivo vives vive vivimos vivís viven	vivía vivías vivía vivíamos vivíais vivían	viví viviste vivió vivimos vivisteis vivieron	viviré vivirás vivirá viviremos viviréis vivirán	viviría vivirías viviría viviríamos viviríais vivirían	viva vivas viva vivamos viváis vivan	viviera vivieras viviera viviéramos vivierais vivieran	vive tú, no vivas viva usted vivamos vivan Uds.

Vosotros commands

hablar	comer	vivir
hablad no habléis	comed no comáis	vivid no viváis

Regular Verbs: Perfect Tenses

	Indicative					Subjunctive	
	Present Perfect	Past Perfect	Preterit Perfect	Future Perfect	Conditional Perfect	Present Perfect	Past Perfect
	he	había	hube	habré	habría	haya	hubiera
	has	habías	hubiste	habrás	habrías	hayas	hubieras
	ha hablado	había hablado	hubo hablado	habré hablado	habría hablado	haya hablado	hubiera hablado
	hemos comido	habíamos comido	hubimos comido	habremos comido	habríamos comido	hayamos comido	hubiéramos comido
	habéis vivido	habíais vivido	hubisteis vivido	habréis vivido	habríais vivido	hayáis vivido	hubierais vivido
	han	habían	hubieron	habrán	habrían	hayan	hubieran

Irregular Verbs

Infinitive / Present Participle / Past Participle	Indicative					Subjunctive		Imperative
	Present	Imperfect	Preterit	Future	Conditional	Present	Imperfect	
andar andando andado	ando andas anda andamos andáis andan	andaba andabas andaba andábamos andabais andaban	anduve anduviste anduvo anduvimos anduvisteis anduvieron	andaré andararás andará andaremos andaréis andarán	andaría andarías andaría andaríamos andaríais andarían	ande andes ande andemos andéis anden	anduviera anduvieras anduviera anduviéramos anduvierais anduvieran	anda tú, no andes ande usted andemos anden Uds.
caer cayendo caído	caigo caes cae caemos caéis caen	caía caías caía caíamos caíais caían	caí caíste cayó caímos caísteis cayeron	caeré caerás caerá caeremos caeréis caerán	caería caerías caería caeríamos caeríais caerían	caiga caigas caiga caigamos caigáis caigan	cayera cayeras cayera cayéramos cayerais cayeran	cae tú, no caigas caiga usted caigamos caigan Uds.
dar dando dado	doy das da damos dais dan	daba dabas daba dábamos dabais daban	di diste dio dimos disteis dieron	daré darás dará daremos daréis darán	daría darías daría daríamos daríais darían	dé des dé demos deis den	diera dieras diera diéramos dierais dieran	da tú, no des dé usted demos den Uds.

Irregular Verbs (continued)

Infinitive / Present Participle / Past Participle	Indicative Present	Imperfect	Preterit	Future	Conditional	Subjunctive Present	Imperfect	Imperative
decir diciendo dicho	digo dices dice decimos decís dicen	decía decías decía decíamos decíais decían	dije dijiste dijo dijimos dijisteis dijeron	diré dirás dirá diremos diréis dirán	diría dirías diría diríamos diríais dirían	diga digas diga digamos digáis digan	dijera dijeras dijera dijéramos dijerais dijeran	di tú, no digas diga usted digamos digan Uds.
estar estando estado	estoy estás está estamos estáis están	estaba estabas estaba estábamos estabais estaban	estuve estuviste estuvo estuvimos estuvisteis estuvieron	estaré estarás estará estaremos estaréis estarán	estaría estarías estaría estaríamos estaríais estarían	esté estés esté estemos estéis estén	estuviera estuvieras estuviera estuviéramos estuvierais estuvieran	está tú, no estés esté usted estemos estén Uds.
haber habiendo habido	he has ha hemos habéis han	había habías había habíamos habíais habían	hube hubiste hubo hubimos hubisteis hubieron	habré habrás habrá habremos habréis habrán	habría habrías habría habríamos habríais habrían	haya hayas haya hayamos hayáis hayan	hubiera hubieras hubiera hubiéramos hubierais hubieran	
hacer haciendo hecho	hago haces hace hacemos hacéis hacen	hacía hacías hacía hacíamos hacíais hacían	hice hiciste hizo hicimos hicisteis hicieron	haré harás hará haremos haréis harán	haría harías haría haríamos haríais harían	haga hagas haga hagamos hagáis hagan	hiciera hicieras hiciera hiciéramos hicierais hicieran	haz tú, no hagas haga usted hagamos hagáis hagan Uds.
ir yendo ido	voy vas va vamos vais van	iba ibas iba íbamos ibais iban	fui fuiste fue fuimos fuisteis fueron	iré irás irá iríamos iréis irán	iría irías iría iríamos iríais irían	vaya vayas vaya vayamos vayáis vayan	fuera fueras fuera fuéramos fuerais fueran	ve tú, no vayas vaya usted vamos, no vayamos vayan Uds.

Irregular Verbs (continued)

Infinitive / Present Participle / Past Participle	Indicative Present	Imperfect	Preterit	Future	Conditional	Subjunctive Present	Imperfect	Imperative
oír oyendo oído	oigo oyes oye oímos oís oyen	oía oías oía oíamos oíais oían	oí oíste oyó oímos oísteis oyeron	oiré oirás oirá oiremos oiréis oirán	oiría oirías oiría oiríamos oiríais oirían	oiga oigas oiga oigamos oigáis oigan	oyera oyeras oyera oyéramos oyerais oyeran	oye tú, no oigas oiga usted oigamos oigan Uds.
poder pudiendo podido	puedo puedes puede podemos podéis pueden	podía podías podía podíamos podíais podían	pude pudiste pudo pudimos pudisteis pudieron	podré podrás podrá podremos podréis podrán	podría podrías podría podríamos podríais podrían	pueda puedas pueda podamos podáis puedan	pudiera pudieras pudiera pudiéramos pudierais pudieran	
poner poniendo puesto	pongo pones pone ponemos ponéis ponen	ponía ponías ponía poníamos poníais ponían	puse pusiste puso pusimos pusisteis pusieron	pondré pondrás pondrá pondremos pondréis pondrán	pondría pondrías pondría pondríamos pondríais pondrían	ponga pongas ponga pongamos pongáis pongan	pusiera pusieras pusiera pusiéramos pusierais pusieran	pon tú, no pongas ponga usted pongamos pongan Uds.
querer queriendo querido	quiero quieres quiere queremos queréis quieren	quería querías quería queríamos queríais querían	quise quisiste quiso quisimos quisisteis quisieron	querré querrás querrá querremos querréis querrán	querría querrías querría querríamos querríais querrían	quiera quieras quiera queramos queráis quieran	quisiera quisieras quisiera quisiéramos quisierais quisieran	quiere tú, no quieras quiera usted queramos quieran Uds.
saber sabiendo sabido	sé sabes sabe sabemos sabéis saben	sabía sabías sabía sabíamos sabíais sabían	supe supiste supo supimos supisteis supieron	sabré sabrás sabrá sabremos sabréis sabrán	sabría sabrías sabría sabríamos sabríais sabrían	sepa sepas sepa sepamos sepáis sepan	supiera supieras supiera supiéramos supierais supieran	sabe tú, no sepas sepa usted sepamos sepan Uds.
salir saliendo salido	salgo sales sale salimos salís salen	salía salías salía salíamos salíais salían	salí saliste salió salimos salisteis salieron	saldré saldrás saldrá saldremos saldréis saldrán	saldría saldrías saldría saldríamos saldríais saldrían	salga salgas salga salgamos salgáis salgan	saliera salieras saliera saliéramos salierais salieran	sal tú, no salgas salga usted salgamos salgan Uds.

Verb Charts

283

Irregular Verbs (continued)

Infinitive / Present Participle / Past Participle	Indicative — Present	Imperfect	Preterit	Future	Conditional	Subjunctive — Present	Imperfect	Imperative
ser / siendo / sido	soy eres es somos sois son	era eras era éramos erais eran	fui fuiste fue fuimos fuisteis fueron	seré serás será seremos seréis serán	sería serías sería seríamos seríais serían	sea seas sea seamos seáis sean	fuera fueras fuera fuéramos fuerais fueran	sé tú, no seas sea usted seamos sean Uds.
tener / teniendo / tenido	tengo tienes tiene tenemos tenéis tienen	tenía tenías tenía teníamos teníais tenían	tuve tuviste tuvo tuvimos tuvisteis tuvieron	tendré tendrás tendrá tendremos tendréis tendrán	tendría tendrías tendría tendríamos tendríais tendrían	tenga tengas tenga tengamos tengáis tengan	tuviera tuvieras tuviera tuviéramos tuvierais tuvieran	ten tú, no tengas tenga usted tengamos tengan Uds.
traer / trayendo / traído	traigo traes trae traemos traéis traen	traía traías traía traíamos traíais traían	traje trajiste trajo trajimos trajisteis trajeron	traeré traerás traerá traeremos traeréis traerán	traería traerías traería traeríamos traeríais traerían	traiga traigas traiga traigamos traigáis traigan	trajera trajeras trajera trajéramos trajerais trajeran	trae tú, no traigas traiga usted traigamos traigan Uds.
venir / viniendo / venido	vengo vienes viene venimos venís vienen	venía venías venía veníamos veníais venían	vine viniste vino vinimos vinisteis vinieron	vendré vendrás vendrá vendremos vendréis vendrán	vendría vendrías vendría vendríamos vendríais vendrían	venga vengas venga vengamos vengáis vengan	viniera vinieras viniera viniéramos vinierais vinieran	ven tú, no vengas venga usted vengamos vengan Uds.
ver / viendo / visto	veo ves ve vemos veis ven	veía veías veía veíamos veíais veían	vi viste vio vimos visteis vieron	veré verás verá veremos veréis verán	vería verías vería veríamos veríais verían	vea veas vea veamos veáis vean	viera vieras viera viéramos vierais vieran	ve tú, no veas vea usted veamos vean Uds.

Verb Charts

Stem-changing and Orthographic-changing Verbs

Infinitive / Present Participle / Past Participle	Indicative Present	Indicative Imperfect	Indicative Preterit	Indicative Future	Indicative Conditional	Subjunctive Present	Subjunctive Imperfect	Imperative
incluir (y) incluyendo incluido	incluyo incluyes incluye incluimos incluís incluyen	incluía incluías incluía incluíamos incluíais incluían	incluí incluiste incluyó incluimos incluisteis incluyeron	incluiré incluirás incluirá incluiremos incluiréis incluirán	incluiría incluirías incluiría incluiríamos incluiríais incluirían	incluya incluyas incluya incluyamos incluyáis incluyan	incluyera incluyeras incluyera incluyéramos incluyerais incluyeran	incluye tú, no incluyas incluya usted incluyamos incluyan Uds.
dormir (ue, u) durmiendo dormido	duermo duermes duerme dormimos dormís duermen	dormía dormías dormía dormíamos dormíais dormían	dormí dormiste durmió dormimos dormisteis durmieron	dormiré dormirás dormirá dormiremos dormiréis dormirán	dormiría dormirías dormiría dormiríamos dormiríais dormirían	duerma duermas duerma durmamos durmáis duerman	durmiera durmieras durmiera durmiéramos durmierais durmieran	duerme tú, no duermas duerma usted durmamos duerman Uds.
pedir (i, i) pidiendo pedido	pido pides pide pedimos pedís piden	pedía pedías pedía pedíamos pedíais pedían	pedí pediste pidió pedimos pedisteis pidieron	pediré pedirás pedirá pediremos pediréis pedirán	pediría pedirías pediría pediríamos pediríais pedirían	pida pidas pida pidamos pidáis pidan	pidiera pidieras pidiera pidiéramos pidierais pidieran	pide tú, no pidas pida usted pidamos pidan Uds.
pensar (ie) pensando pensado	pienso piensas piensa pensamos pensáis piensan	pensaba pensabas pensaba pensábamos pensabais pensaban	pensé pensaste pensó pensamos pensasteis pensaron	pensaré pensarás pensará pensaremos pensaréis pensarán	pensaría pensarías pensaría pensaríamos pensaríais pensarían	piense pienses piense pensemos penséis piensen	pensara pensaras pensara pensáramos pensarais pensaran	piensa tú, no pienses piense usted pensemos piensen Uds.

Stem-changing and Orthographic-changing Verbs (continued)

Infinitive / Present Participle / Past Participle	Present	Imperfect	Preterit	Future	Conditional	Present (Subj.)	Imperfect (Subj.)	Imperative
producir (zc) produciendo producido	produzco produces produce producimos producís producen	producía producías producía producíamos producíais producían	produje produjiste produjo produjimos produjisteis produjeron	produciré producirás producirá produciremos produciréis producirán	produciría producirías produciría produciríamos produciríais producirían	produzca produzcas produzca produzcamos produzcáis produzcan	produjera produjeras produjera produjéramos produjerais produjeran	produce tú, no produzcas produzca usted produzcamos produzcan Uds.
reír (i, i) riendo reído	río ríes ríe reímos reís ríen	reía reías reía reíamos reíais reían	reí reíste rio reímos reísteis rieron	reiré reirás reirá reiremos reiréis reirán	reiría reirías reiría reiríamos reiríais reirían	ría rías ría riamos riáis rían	riera rieras riera riéramos rierais rieran	ríe tú, no rías ría usted riamos rían Uds.
seguir (i, i) (ga) siguiendo seguido	sigo sigues sigue seguimos seguís siguen	seguía seguías seguía seguíamos seguíais seguían	seguí seguiste siguió seguimos seguisteis siguieron	seguiré seguirás seguirá seguiremos seguiréis seguirán	seguiría seguirías seguiría seguiríamos seguiríais seguirían	siga sigas siga sigamos sigáis sigan	siguiera siguieras siguiera siguiéramos siguierais siguieran	sigue tú, no sigas siga usted sigamos sigan Uds.
sentir (ie, i) sintiendo sentido	siento sientes siente sentimos sentís sienten	sentía sentías sentía sentíamos sentíais sentían	sentí sentiste sintió sentimos sentisteis sintieron	sentiré sentirás sentirá sentiremos sentiréis sentirán	sentiría sentirías sentiría sentiríamos sentiríais sentirían	sienta sientas sienta sintamos sintáis sientan	sintiera sintieras sintiera sintiéramos sintierais sintieran	siente tú, no sientas sienta usted sintamos sientan Uds.
volver (ue) volviendo vuelto	vuelvo vuelves vuelve volvemos volvéis vuelven	volvía volvías volvía volvíamos volvíais volvían	volví volviste volvió volvimos volvisteis volvieron	volveré volverás volverá volveremos volveréis volverán	volvería volverías volvería volveríamos volveríais volverían	vuelva vuelvas vuelva volvamos volváis vuelvan	volviera volvieras volviera volviéramos volvierais volvieran	vuelve tú, no vuelvas vuelva usted volvamos vuelvan Uds.

Respuestas

Capítulo 1

Actividad 1-6 1) Es de España; 2) Llegó hace dos semanas; 3) Quiere estudiar un máster en Educación y Humanidades; 4) Eran las clases de inglés e historia; 5) F; V; F; V; F.

Sí, recuerdo: la, el; -o, -ema; -a, -ión, -dad, -tud, -tad.

Actividad 1-7 1) el; 2) la; 3) el; 4) la; 5) la; 6) el; 7) la; 8) el; 9) el; 10) la

Artículos indefinidos: uno/una; unos/unas.

Actividad 1-9: un, un, una, una, un, una, una, un, una, un, una, un.

Concordancia: masculine/feminine; singular/plural.

Actividad 1-15 1) la tiza; 2) el lápiz/el bolígrafo; 3) el pupitre; 4) el interruptor; 5) la calculadora; 6) la computadora/el ordenador; 7) el borrador; 8) el retroproyector 9) el lapicero; 10) el radio; 11) el cuaderno; 12) el reloj; 13) la impresora; 14) el marcador; 15) la llave.

Actividad 1-20 Paso 1 1) V; 2) F; 3) V; 4) V. Paso 2: Hay más estudiantes mujeres que hombres en la universidad.

Actividad 1-26 1) están; 2) tengo; 3) son; 4) vivo; 5) es; 6) tiene; 7) vamos; 8) tomamos; 9) hago; 10) estudiar; 11) practicar; 12) bailamos.

Actividad 1-29 1) alto; 2) tacaño; 3) chistosa; 4) atrevido; 5) despistado/a; 6) aburrida; 7) esbelta; 8) habladora.

Capítulo 2

Actividad 2-5 1) Se llama Radio Corazón; 2) Van a hablar de los corazones de las estrellas favoritas; 3) Hablan de Penélope Cruz, Salma Hayek y Antonio Banderas. Cruz y Banderas son de España mientras Hayek es de México; 4) *www.corazon.com*; 5) Es la radio que te quiere un montón.

Sí, recuerdo: Los números 1–10: uno; siete; diez; seis; cuatro; tres; dos; nueve; ocho; cinco.

Los números 11–15: once; doce; trece; catorce; quince.

Los números 16–20: dieciseís; diecisiete; dieciocho; diecinueve; veinte.

Los números 21–29: veintiuno; veintidos; veintitrés; veinticuatro; veinticinco; veintiseís, veintisiente; veintiocho; veintinueve.

Los números 30–90 treinta; cuarenta; cincuenta; sesenta; setenta; ochenta; noventa.

Tengo setenta y cinco dólares; Necesitamos treinta y un créditos. Hay cincuenta y cinco estudiantes en la clase. Sirven más de cuarenta y cinco personas cada día.

Actividad 2-15 1) Es la moneda nueva de España; 2) el 1 de 2002; 3) Lo usan más de 300 millones de consumidores. 4) Hay varias posibilidades: Francia, Inglaterra, Alemania, Irlanda, Italia, etc. 4) Se han producido 14,5 mil millones de billetes y más de 56 mil millones de monedas.

Sí, recuerdo - La hora: Son las nueve de la mañana/de la noche. y; menos; en punto; una; cuarto; a general time; de. Es la una y cuarto; Son las cuatro y veinticinco; son las once menos cuarto; son las ocho menos diez.

Actividad 2-20 1) la felicidad porque el resto son negativas; 2) la historia porque no es una parte del día; 3) la carta no es (un artículo de) prensa; 4) la verdad no forma parte de los cotilleos; 5) la hora no es un espectáculo; 6) el escritor no actúa en películas o en televisión; 7) el novio no está relacionado con el nacimiento de un hijo; 8) correr no es un sinónimo de hablar.

Actividad 2-21 1) el periódico; 2) divorcio; 3) trágico; 4) actriz; 5) amor; 6) cotilleo; 7) héroe; 8) culebrón o telenovela; 9) aniversario; 10) moneda; 11) mediodía.

Actividad 2-22 1) presidente; 2) actor; 3) millonario; 4) actrices; 5) escritor; 6) directores; 7) cantante/músico/guitarrista; 8) atletas.

Actividad 2-26 A: 1.V, 2. F, 3. F, 4. F, 5. V; B: 1. simpática, 2. ordenada, 3. trabajadora...(activa); C: 1. Las dos tienen la misma edad. 2. Las dos estudian un máster en EE.UU. 3. A las dos les gusta hacer ejercicio (y jugar al tenis). 4. Sus padres son de España.; D: A Maite no le interesan los cotilleos y a Elena sí.; E: Answers will vary.

Actividad 2-28 1) infidelities; 2) violence; 3) decade; 4) human; 5) population; 6) capture; 7) television viewers; 8) immediate; 9) route.

Actividad 2-29 1) Infidelidades, odio, violencia, alcoholismo, mentiras y traiciones; 2) los televidentes en Latinoamérica y los latinos de EE.UU; 3) La incorporación del público en los programas; 4. Mostramos una curiosidad y deseo morboso por enterarse de los problemas de otros que se parecen a los nuestros.

Actividad 2-31 Mis padres están en Cancún; Están muy contentos; Su hotel está cerca de la playa; Están relajándose; Están nadando todos los días; Un mercado de artesanías está en el centro de la ciudad.

Actividad 2-34 1) estamos; 2) es; 3) Son; 4) es; 5) está; 6) estábamos; 7) son; 8) estamos; 9) es.

Actividad 2-37 1) es; 2) hacemos; 3) se cae; 4) tenemos; 5) voy; 6) me río; 7) salimos; 8) sabe; 9) poder; 10) vienes.

Capítulo 3

Actividad 3-1 Laura Bush, es la primera dama de EE.UU; Jennifer López, es cantante y actriz; Sammy Sosa, es jugador de beísbol; Fidel Castro, es presidente de Cuba; el príncipe Guillermo, es el futuro rey de Inglaterra; Salvador Dalí, fue artista español.

Actividad 3-5 1) Fan club en la cadena 40; 2) Servicio de lavandería; 3) Ha tenido éxito en España, Latinoamérica y EE.UU.; 4) tour; 5) En Europa; 6) En octubre; 7) various.

Sí, recuerdo: un mil; un millón; mil millones un billón; un trillón; 40 (cuarenta) millones de dólares; 3 (tres) millones de mexicanos.

Actividad 3-6 1) b; 2) d; 3) f; 4) a; 5) c; 6) e.

Sí, recuerdo – Comparaciones: Tengo más manzanas que naranjas; Tengo menos espárragos que fresas; Los espárragos cuestan más que las fresas; Las naranjas son más dulces.

Actividad 3-12 1) más grande; 2) menos dulces; 3) más largos; 4) menos caros; 5) menos sabrosa.

Actividad 3-16 1) Hablan de comparaciones; 2) Por jugar con materiales y objetos distintos; 3) Sí.

Actividad 3-23 Objeto perdido: un bolso; Descripción del objeto perdido: forma: rectangular, material: piel, color: verde oscuro; Lugar donde fue perdido: la biblioteca; Fecha de la pérdida: 3 de octubre (el día anterior por la tarde); Contenidos del objeto: Objeto no. 1: la cartera-forma: rectangular, material: piel, color: azul; Objeto no. 2: cajita de caramelos de menta, forma: redonda, material: plástico, color: blanco; Objeto no. 3: agenda de teléfonos y direcciones, -forma: cuadrada, material: papel (cartón), color: rojo, Teléfono de contacto: 764-8723.

Actividad 3-26 1) to conquer; 2) market; 3) optimist(ic); 4) to debut; 5) promotion; 6) pillars; 7) empty; 8) rest/remaining; 9) to celebrate.

Actividad 3-34 1) confiesa; 2) tiembla; 3) quiere; 4) queda; 5) desvanecen; 6) consuela; 7) duelen; 8) confesar; 9) estar.

Capítulo 4

Actividad 4-7 1) en estudiar y divertirse; 2) Ofrecen apartamentos grandes y pequeños, áticos y casas adosadas; 3) para personas que buscan intimidad; 4) un mes de alquiler gratis; 5) a. F, b. V, c. V, d. V, e. F.

Sí, recuerdo: su, sus, nuestras, mi, tu; mis casas, nuestros jardines; add an 's'; change the gender.

Actividad 4-8 1) mis; 2) tu; 3) tus; 4) tu; 5) mi; 6) mi; 7) tu; 8) mis; 9) tu; 10) mi; 11) tus; 12) tu.

Actividad 4-9 1) tu; 2) tu; 3) tus; 4) sus; 5) nuestros; 6) mi; 7) nuestro; 8) su.

Actividad 4-12 1) este; 2) ese; 3) estos; 4) esos; 5) estos; 6) aquellos; 7) esta; 8) esa; 9) estos; 10) esos; 11) este.

Actividad 4-16 1) el lavaplatos; 2) la aspiradora; 3) el horno; 4) el sofá; 5) la mecedora; 6) el lavabo; 7) el fregadero; 8) el congelador; 9) el microondas; 10) la cómoda; 11) el closet/el armario; 12) el jabón.

Actividad 4-20 1) a. V; b. F; c. F; d. V. 2) Es una señora mayor que trabaja mucho en su jardín.

Actividad 4-23 1) station; 2) construction; 3) occupant; 4) sophistication; 5) adventure; 6) efforts; 7) consumibles; 8) efficiency; 9) residue; 10) tank; 11) space shuttle; 12) provisions; 13) orbit.

Gramática: encontrado, empezado, hablado, descubierto.

Actividad 4-26 1) ha decidido; 2) ha escrito; 3) ha traído; 4) ha recibido; 5) he recibido; 6) ha conocido; 7) ha visto; 8) ha mandado; 9) ha usado.

Actividad 4-27 1) he limpiado; 2) he lavado; 3) he puesto; 4) he llevado; 5) he preparado; 6) he llamado; 7) he sacado; 8) he ayudado.

Actividad 4-30 1) se levanta; 2) se cepilla; 3) se lava; 4) se pone; 5) vestirse; 6) se despierta; 7) se levanta; 8) se ducha; 9) se viste; 10) se seca; 11) se siente.

Capítulo 5

Actividad 5-2 Coca-Cola® (1886); fonógrafo (1877); bombilla eléctrica (1879); teléfono (1876); televisión (1927); microondas (1946); computadora (1936); Internet (1991); inodoro (1589)

Actividad 5-6 Paso 1: 1) Ha revolucionado el mundo de las comunicaciones; 2) En el trabajo, en la universidad y en casa; 3) Se puede escuchar el radio, leer el periódico, mirar el correo electrónico, comprar todo tipo de artículos, buscar trabajo, encontrar pareja, contactar con amigos y familiares y encontrar todo tipo de información sobre cualquier tema; 4) Tiene una actitud positiva.

Sí, recuerdo–gustar: te.

Actividad 5-7 1) te; 2) gustan; 3) te; 4) te; 5) me; 6) gusta; 7) gusta; 8) gusta; 9) gustan; 10) les.

Sí, recuerdo – superlatives: soy el hombre más cobarde, tú eres la mujer más bonita y simpática; artículo + sustantivo + más/menos + adjetivo; el admirador es el hombre más sentimental; el admirador escribe las cartas más románticas; el admirador es la persona más cariñosa; de.

Actividad 5-14

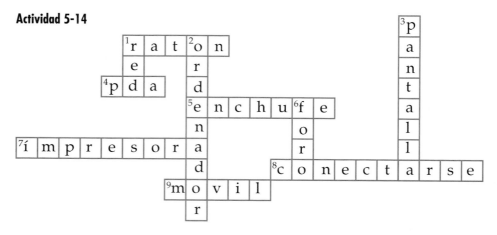

The crossword answers:
- 1 (across) ratón; 2 (down) ordenad... (orde...); 3 (down) pantalla
- 4 pda
- 5 enchufe; 6 (down) foro
- 7 impresora
- 8 conectarse
- 9 movil

Actividad 5-18 Paso 1: 1) Está enganchado a Internet; 2) Le gusta mandar e-mails y chatear; 3) Lee el periódico y su correo electrónico; 4) Propone que le den un móvil para su cumpleaños; 5) Maite cree que conoció a una chica en un chat. Paso 2: 1) V; 2) F; 3) V; 4) F; 5) F.

Actividad 5-21 1) call; 2) abstention; 3) addictive; 4) expensive; 5) initiative.

Actividad 5-22 1) Apague el televisor y encienda la imaginación; 2) Empezó en 1994; 3) Ecologistas en Acción; 4) Tres horas y media; 5) varios.

Actividad 5-23 Todas las respuestas son verdaderas.

Actividad 5-27 1) hablaré; 2) investigaré; 3) charlaré; 4) leeré; 5) me sacaré; 6) compraré; 7) escribiré.

Actividad 5-28 1) contactará(s); 2) escribirá(s); 3) preparará(s); 4) leerá(s); 5) saludará(s); 6) enseñará(s); 7) preparará(s); 8) contestará(s); 9) confirmará(s).

Actividad 5-29 1) ellos harán/ la familia hará; (ellos) conseguirán/la familia conseguirá; 3) ellos irán/la familia irá; 4) ellos confirmarán/la familia confirmará; 5) comprarán/ comprará; 6) llamarán/llamará; 7) llamarán/llamará; 8) lavarán/lavará.

Actividad 5-32 1) le; 2) le; 3) me; 4) nos; 5) le; 6) me; 7) le; 8) le; 9) le; 10) le; 11) me.

Actividad 5-33 1) Sí, les he avisado sobre el viaje; 2) Sí, le he pedido la guía de México; 3) Sí, le he preguntado si puede revisar el coche; 4) Sí, te he buscado los cheques de viajero. 5) Sí, le hemos dado el número de teléfono.

Actividad 5-34 1) Me parece que la clase de español es fascinante; 2) Nos importa la invención de Internet; 3) Te fascinan los avances tecnológicos; 4) A la profesora le interesan nuestras opiniones; 5) A Shakira no le gusta comer remolachas; 6) Me encantan las novelas policíacas; 7) Nos gusta viajar a países extranjeros; 8) A Elena le interesan los chismes.

Capítulo 6

Actividad 6-6 Paso 1: 1) Les parecía un viaje corto; 2) Se puede ir a museos, al mercado, a restaurantes, a bares; 3) Creen que Maite y Elena están locas; 4) Van a ir a un bar/club especial. Paso 2: 1) V; 2) V; 3) F; 4) F; 5) F.

Sí, recuerdo - Comparaciones de igualdad: tan/tanto/a/os/as + adjetivo/sustantivo + como; tanta; tanto; tantos.

Actividad 6-10 1) mandó; 2) reveló; 3) escribió; 4) escribió; 5) habló; 6) llamó; 7) charlé; 8) trabajé; 9) llamaron; 10) arregló.

Actividad 6-18 Paso 1: 1) Various, 2) En 1853 en Saratoga Springs, NY, 3) Es muy exigente porque no está satisfecho con nada. 4) Frió las patatas muy muy finas. Paso 2: 1) V; 2) F; 3) F; 4) V; 5) F.

Actividad 6-20 1) literally; 2) to trap; 3) to free; 4) incident; 5) inebriated; 6) conference; 7) supposedly; 8) suspended; 9) judge; 10) accusations; 11) to save; 12) driver; 13) battery.

Actividad 6-21 1) V; 2) F; 3) V; 4) V; 5) F; 6) V.

Gramática - Verbos en el pretérito con cambios ortográficos: a, o, u; a, o, u; /h/; /s/ or /th/ in some dialects; /h/; jugué; /s/ or /th/; saqué.

Actividad 6-24 1) terminamos; 2) tuve; 3) confirmó; 4) ayudó; 5) escribimos; 6) fue; 7) envió; 8) encargué; 9) fue; 10) resultó; 11) tocó; 12) pidió; 13) fueron; 14) salió.

Actividad 6-25 1) decidió; 2) tuvieron; 3) vio; 4) salvo; 5) fue; 6) hizo; 7) se dirigieron; 8) tuvo; 9) volvieron; 10) se enamoraron; 11) descubrió; 12) supo; 13) corrió; 14) llegó; 15) confesó; 16) se enojó; 17) mandó; 18) se comió; 19) se casaron; 20) vivieron.

Actividad 6-29 1: el detective todavía no la ha descubierto; 2) El espera examinarlos; 3) El detective las necesita; 4) Angela está perdiéndola/la está perdiendo; 5) El detective lo necesita; 6) Angela quiere resolverlo/lo quiere resolver; 7) El detective necesita compararlos/ los necesita comparar; 8) ¿Está el detective haciéndolo bien?

Actividad 6-30 1) Las mandé; 2) Lo llamé; 3) Lo leí de nuevo; 4) Los fotocopié; 5) Las hice; 6) La vi; 7) Las atendí.

Actividad 6-32 1) Se lo hablé; 2) Se lo leí; 3) Se la di; 4) Se la escribí; 5) Te lo limpié; 6) Se la entregué; 7) Se la hice.

Actividad 6-34 1) las; 2) mandarlas; 3) las; 5) se; 6) las; 7) hacerlas; 8) se; 9) la; 10) la; 11) lo; 12) se; 13) lo.

Capítulo 7

Actividad 7-4 1) Evita lesiones, previene muchas enfermedades, ayuda a relajarse y aliviar tensiones; 2) Porque se ejercitan y estiran todos los músculos; 3) Le ayuda a evadirse de sus estudios y la relaja; 4) Porque algunos instuctores no están cualificados y no lo enseñan correctamente. Paso 2: 1) V; 2) V; 3) F; 4) F; 5) V.

Sí, recuerdo: cólera, vaca, crimen, copa, carpeta, bicileta, almacén, cartón, postal, jóvenes, recoger, visita.

Actividad 7-5 1) penicilina; 2) población; 3) emergencia; 4) vehículo; 5) víctima; 6) choque; 7) síntomas; 8) análisis; 9) yeso; 10) auxilio.

Actividad 7-6 1) trauma; 2) terapia; 3) infección; 4) anestesia; 5) mareado; 6) muletas; 7) urgente; 8) diagnosis; 9) cirugía; 10) complicación.

Actividad 7-8 alivian, realizado, pidió, fría, más, viendo, video, cómico, además, hormonales, salivas, estrés, más, estimula, podría, disminuir, operaciones.

Mandatos formales: abrir, leer, escribir; -n; plural; hablen, creen, tomen; vaya, venga, no diga, espéreme, llegue; espéreme; venga, diga;

verbo	singular	plural
conocer	conozca	conozcan
caer	caiga	caigan
hacer	haga	hagan
poner	ponga	pongan
salir	salga	salgan
tener	tenga	tengan
traer	traiga	traigan
venir	venga	vengan

encuentre. Puede, pida, sirva, quiera; juegue, coja, toque, empiece.

Actividad 7-9 mire, haga, golpee, ponga, párese, rodéele, coloque, tome, empuje, presionen, controle, repita.

Actividad 7-10 1) determine; 2) pida; 3) abra; 4) constate; 5) ventile; 6) tome; 7) constate; 8) comprima; 9) ventile; 10) siga.

Actividad 7-12 límpiela; lávela con jabón; mire si se trata de un simple rasguño superficial...; apliqué un antiséptico; déjelo al descubierto; continúe lavando la zona...;

aplíquese a diario el antiséptico.

Actividad 7-14 1) sala de urgencias; 2) la ambulancia; 3) la cirugía; 4) padecer; 5) bicicleta; 6) las muletas; 7) los ojos; 8) la boca; 9) la camilla; 10) el volante; 11) el casco.

Actividad 7-15 1) cabeza; 2) tobillo; 3) brazo; 4) dedo del pie; 5) dependiente; 6) cocinar; 7) bicicleta; 8) nariz.

Actividad 7-19 1) En sonreír mucho, 2) Sí, hay evidencia científica que los pacientes se recuperaron rápidamente y sufrían menos.

Actividad 7-25 1) tenía; 2) había; 3) teníamos; 4) tenía; 5) queríamos; 6) íbamos; 7) visitaba; 8) comíamos; 9) bailábamos; 10) era; 11) se dormía.

Actividad 7-27 1) hacía; 2) había; 3) estaba; 4) eran; 5) escuchaba; 6) venía; 7) estaba; 8) estaba.

Actividad 7-28 1) llevaba; 2) necesitaba; 3) eran; 4) tenía; 5) podía; 6) dolía; 7) estaba.

Capítulo 8

Actividad 8-6 1) Tienen muchos exámenes y trabajos; 2) Lo deja todo para el último día; 3) Maite puede estudiar con ella y llamarla muy temprano en la mañana; 4) Quiere que la acompañe a una charla.

Actividad 8-7 1) se estudia; 2) se hace; 3) se suele vivir; 4) se practica; 5) se escucha música y se va a muchos conciertos; 6) se usa mucho Internet.

Actividad 8-8 1) se compran; 2) se prepara; 3) se decora; 4) se encienden; 5) se enfría; 6) se sirve.

Actividad 8-9 1) se puede; 2) no se come; 3) se recomienda; 4) se debe preparar; 5) se dice; 6) se aconseja; 7) se sugiere.

Sí, recuerdo – mandatos informales: 3rd person singular of present tense; 2nd person singular of subjunctive; after the verb; before the verb.

decir	di
hacer	haz
ir	ve
poner	pon
salir	sal
ser	sé
tener	ten
venir	ven

Actividad 8-11 1) duerme; 2) lleva; 3) duerme; 4) bebe; 5) no fumes; 6) cómprate; 7) haz; 8) ve; 9) ríete; 10) no te compliques.

Actividad 8-12 1) empieza; 2) no lo dejes; 3) busca; 4) pide; 5) habla; 6) utiliza; 7) escribe; 8) lee; 9) redacta; 10) entrégalo.

Actividad 8-17 1) pastel; 2) el humo; 3) el vino; 4) las drogas; 5) el tabaco; 6) hacer ejercicio; 7) el cigarrillo; 8) el fumar; 9) emborracharse.

Actividad 8-20 1) He recibido una invitación de José para una velada romántica; 2) Es para que Maite y José se conozcan mejor; 3) Sí, es sincero; 4) Porque José es su amigo. Paso 2: 1) F; 2) F; 3) F; 4) F.

Actividad 8-24 1) los cigarillos, los puros, el tabaco para mascar; 2) Reduce el tamaño de los vasos sanguíneos e incrementa la presión arterial; 3) Destruye los pulmones y reduce el oxígeno que necesitan los músculos; 4) Porque su mamá fumaba y por fin lo dejó.

Gramática- subjuntivo: Es imposible que sea él; Quiero que nos explique lo que ha ocurrido; Lo único que necesita es que le dejen a su abogado; ¡Qué lastima que ustedes estén vivos!; Quiero que me digas por qué fuiste al edificio; Primero es mejor que me expliques qué es eso de un admirador secreto; ¡Qué alivio que estés bien; ¿Quieres que te lleve a casa?; Es necesario que yo proteja a mis periodistas.

Actividad 8-27 Le aconsejo que... 1) se afeite; 2) se cepille; 3) se arregle; 4) ponga; 5) no esté; 6) hable; 7) sepa.

Actividad 8-30 1) haga; 2) escucharme; 3) haga; 4) se burlen; 5) hacer; 6) se hurgue; 7) explique; 8) se meta; 9) haga; 10) aprenda; 11) compre; 12) diga; 13) se enoje.

Glossary

Spanish-English

el abrelatas can opener

acceder to access

el acceso access

el accidente accident

el acetaminofen acetaminophen

aconsejar to advise

el actor actor

la actriz actress

adelgazar to lose weight

la adicción addiction

un adicto al café coffee adict

un adicto al chocolate chocolate adict

un adicto al trabajo workaholic

afilado/agudo sharp

al final at the end

al principio at the beginning

el alcohólico alcoholic

el alcoholismo alcoholism

el alemán German

la alfombra carpet

la almohada pillow

alto/a tall

amable kind

la ambulancia ambulance

el amor love

el aniversario anniversary

antes (de) before

antipático mean

el antiséptico antiseptic

apagar to extinguish

apostar to bet

aprobar un curso to pass a class

la apuesta the bet

apuntar to write down notes

el arco arch

el armario closet

arqueado arched

el arte art

el asco disgust

la asignatura subject

asistir to attend

la aspirina aspirin

asqueroso disgusting

el/la atleta athlete

atropellar to run down

el auditorio auditorium

la avaricia avarice

ayer yesterday

ayudar to help

bajo/a short

la balanza scale

la bañera bathtub

la barbilla chin

barrer el suelo to sweep the floor

la báscula scale

la basura trash can

la biblioteca library

la bicicleta bicycle

el billar billiards

el billete paper money; ticket

blando soft

la boda wedding

el bombero firefighter

los bombones bonbons

bonito/a pretty

borracho/a drunk

el borracho drunk

el bote inflable rubber raft

la botella bottle

el brazo arm

brillante shiny

bueno/a good

el buscador search engine

la cabeza head

los cables cables

la cafeína caffeine

la cafetera coffeemaker

la cafetería cafeteria

la caja the box

la caloría calorie

la cama bed

el cambio de moneda currency exchange

la camilla stretcher

el camión truck

el camping camping

el/la cantante singer

el cartón cardboard

casado married

casarse to get married

el casco helmet

la celebración celebration

el centro estudiantil student center

la cerveza beer

el chaleco salvavidas life jacket

charlar to chat

el chisme gossip

chismoso gossipy

el chiste joke

chistoso/a funny

chocar to crash

el chocolate chocolate

el choque crash

el cibernauta cybernaut

la cicatriz scar

las ciencias sciences

el cigarrillo cigarette

el cine movie theatre

circular circular

el círculo circle

la clase classroom

la clase alta high society

el clóset closet

el coche car
el coche de bomberos fire truck
la cocina kitchen; stovetop
la colcha bedspread
el colchón mattress
la comedia comedy
comentar to comment
el comentario comment
el cómico comic
cómico/a funny
cómo how?
la cómoda chest of drawers
la computadora computer
con escamas scaly
conectarse to connect
la conferencia lecture
la confitería sweet shop
el congelador freezer
conocido known
consumir to consume
la contabilidad accounting
contar to tell, to recount; to count
contento/a happy
la contraseña password
el correo electrónico e-mail
la cortina curtains
cotillear to gossip
el cotilleo gossip
cuadrado square-shaped
el cuadro square; painting
cuál which?
cuándo when?
cuánto/a/os/as how much?
el cuarto de baño bathroom
¡cuénteme! tell me
el cuento story
el cuero leather
el culebrón soap opera
curioso/curiosa curious
la curita bandaid
la curiosidad curiosity
el curso course
dañar to damage
dar a luz to give birth
darle asco a alguien to disgust
decir la hora to tell time

el dedo finger
delgado/a thin
el derecho law
descafeinado/a decaffeinated
desigual unequal/bumpy
después (de) after
la dieta diet
dime tell me
el/la director/a director
la divisa currency
divorciado/a divorced
divorciarse to divorce
el divorcio divorce
el/la doctor/a doctor
dónde where?
el dormitorio bedroom
las drogas drugs
la ducha shower
los dulces candy
duro hard
el embarazo pregnancy
emborracharse to get drunk
en punto on the dot
enchufar to plug in
el enchufe electrical socket
la/el enfermera/o nurse
engañar to trick
los enlaces links
entonces then
entregar to turn in
la entrevista interview
el entrevistador/la entrevistadora interviewer
entrevistar to interview
la envidia envy
envolverse to involve oneself
envuelta en involved with
el escándalo scandal
la escayola cast
escribir to write
el/la escritor/a writer
escuchar to listen
especializarse en to major in
el espejo mirror
espinoso prickly
el estante bookcase

la estantería bookcase
las estrellas stars
el estreno premier
el estrés stress
estudiar to study
exclusivo exclusive
extinguir to extinguish
el extintor fire extinguisher
falso false
la familia política extended family
famoso/a famous
los faros headlights
el fax fax machine
la felicidad happiness
finalmente finally
la física physics
flaco/a skinny
los focos headlights
los foros chat rooms
la fotocopia photocopy
la fotocopiadora photocopier
la fotografía photograph
el francés French
la frazada blanket
el fregadero sink
fregar los platos wash dishes
la frente forehead
el fuego fire
el fumador smoker
fumar to smoke
el fumar smoking
el futuro future
las gasitas gauze strips
gastar compulsivamente to spend compulsively
el gimnasio gymnasium
el gobierno government
gordo/a fat
gracioso/a funny
la grasa fat (in foods)
guapo/a good-looking
la gula gluttony
hablar to speak
hacer la tarea to do homework
hacer una pregunta to ask a question

hacerse daño to get hurt

la herida wound

herir to wound

el héroe hero

la heroína heroine

la historia history; story

la hora time

el horno oven

horrible horrible

el horror horror

el hueso bone

el humo smoke

la impresora printer

imprimir to print

inalámbrico wireless

el incendio fire

la informática computer science

la ingeniería engineering

el inglés English

inhalar to inhale

inmediatamente immediately

el inodoro toilet

inteligente intelligent

el internauta internaut

la Internet internet

la investigación research

investigar to research

el/la invitado/a invited guest

invitar to invite

ir de camping to go camping

la ira anger

el italiano Italian

el jabón soap

el japonés Japanese

el juego gambling; game

el kilogramo kilogram

el kilómetro kilometer

el laboratorio laboratory

la lámpara lamp

la lata the can

el lavabo sink

el lavaplatos/el lavavajillas dishwasher

la lectura reading

leer to read

la libra pound

la librería bookstore

liso smooth

listo/a clever

la literatura literature

el litro liter

el living living room

luego then

la lujuria lust

la madera wood

malo/a bad

el manillar handlebars

las manos de reloj hands of the clock

la manta blanket

el marcador highlighter

el marketing marketing

más tarde later

las matemáticas mathematics

la materia subject

matricularse to register

el matrimonio marriage

la mecedora rocking chair

la medianoche midnight

el/la médico/a doctor

el mediodía noon

la memoria memory

el mensaje instantáneo instant messenger

la mentira lie

¡mentira! that's not true!

la mercadotecnia marketing

la mesita de noche night table

el metal metal

¡metálico! metallic

el microondas microwave

la milla mile

el millonario millionaire

el minuto minute

la mochila backpack

la moderación moderation

la moneda currency; coin

el monitor computer screen

moreno/a dark-haired

las muletas crutches

la muñeca wrist

el narcotraficante drug dealer

la nariz nose

la nevera refrigerator

¡no me diga! no way

el nombre de usuario user name

los novios couple

el odio hate

la oficina office

oír to hear

el ojo eye

la olla pot

la opinión opinion

el ordenador computer

el ordenador pórtatil laptop computer

el/la paciente patient

la página de inicio home page

la pantalla (computer) screen

el papel paper

el papel higiénico toilet paper

la papelera wastepaper basket

el parabrisas windshield

el parachoques bumper

el paramédico EMT

pasado mañana the day after tomorrow

pasado/a past

pasar la aspiradora run the vacuum

el PDA personal digital assistant

la película movie

peludo/a furry

pensar (ie) de to have an opinion on something

pensar (ie) en to think about

pensar (ie) que to think that

la percha hanger

el periódico newspaper

las persianas blinds

el personaje character, personage

pesar to weigh

el pie foot

la pierna leg

las pinzas tweezers

plano flat surface

el plástico plastic

platicar to chat, to talk

la policía police

el policía police officer

el político politician
ponerse a dieta to go on a diet
por fin finally
la portada magazine cover
el porvenir future
predecir to predict
la pregunta question
preguntar to ask a question
las preguntas frecuentes FAQs
premiar to award
la prensa rosa tabloids
preocupado/a worried
presentar to present
presente present
previsto/a foreseen
primero/a first
el profesorado faculty
el/la protagonista main character
protagonizar to play the main role
puntiagudo pointed
el punto point
los puntos stitches
qué what?
qué chistoso how funny
qué cómico how funny!
qué horror how awful!
qué trágico how tragic!
los quehaceres domésticos chores
quién who?
la química chemistry
quitar el polvo to dust
la rareza oddity
raro/a strange
el ratón mouse
los rayos X x-rays
recoger la mesa clear the table
recordar (ue) to remember
rectangular rectangular
el rectángulo rectangle
el recuerdo memory
la red WWW

el refrigerador refrigerator
las relaciones públicas public relations
el reloj clock
rescatar to rescue
el rescate rescue
la residencia dormitory
responder to respond
la respuesta answer
restar to subtract
la revista magazine
rica en grasa high in fat
la rodilla knee
romper con to break up with
rubio/a blonde
la rueda wheel
el rumor rumor
las sábanas sheets
sacar buenas/malas notas to get good/bad grades
sacar la basura take out the trash
el saco de dormir sleeping bag
la sala living room
salvar to save
el salvavidas life belt
la sangre blood
la sartén frying pan
la escalera (de mano) ladder
el secreto secret
el segundo second
el semáforo traffic light
la separación separation
separado/a separated
separarse to separate
el sillón armchair
simpático/a nice
la soberbia pride
la sobredosis overdose
el sobrepeso overweight
social social
la sociedad society
el socorrista lifeguard

el sofá couch
suave soft
sumar to add
suspender to fail a course
el tabaco tobacco
las tareas domésticas chores
la tarjeta de crédito credit card
el teatro theatre
la tecla key
el teclado keyboard
el (teléfono) móvil cell phone
la telenovela soap opera
la televisión television
el televisor television set
el termómetro thermometer
la tienda (de campaña) tent
las tijeras scissors
tímido shy
la tirita small bandage
el titular headline
la toalla towel
la tonelada ton
la tostadora toaster
traducir to translate
la tragedia tragedy
trágico tragic
triangular triangular
el triángulo triangle
el usuario computer user
las vendas bandages
las vendas adhesivas bandaids
la verdad truth
verdadero/a truthful/true
el vicio vice
vicioso/a vicious
la víctima victim
el vidrio glass
el vigilante life guard
el vino wine
volar to fly
el yeso cast

Glossary

English-Spanish

access el acceso

access acceder

accident el accidente

accounting la contabilidad

acetaminofen el acetaminofen

actress la actriz

add sumar

addiction la adicción

adhesive bandages las vendas adhesivas

advise aconsejar

after después (de)

alcoholic el alcohólico

alcoholism el alcoholismo

ambulance la ambulancia

anger la ira

anniversary el aniversario

answer la respuesta

antiseptic el antiséptico

arch el arco

arched arqueado

arm el brazo

armchair el sillón

art el arte

ask a question hacer una pregunta, preguntar

aspirin la aspirina

at the beginning al principio

at the end al final

athlete el/la atleta

attend asistir

auditorium el auditorio

avarice la avaricia

award premiar

backpack la mochila

bad malo/a

bandages las vendas

bathroom el cuarto de baño

bathtub la bañera

bed la cama

bedroom el dormitorio

bedspread la colcha

beer la cerveza

before antes (de)

bet apostar (v.); la apuesta

bicycle la bicicleta

billiards el billar

blanket la frazada, la manta

blinds las persianas

blonde rubio/a

blood la sangre

bonbons los bombones

bone el hueso

bookcase el estante, la estantería

bookstore la librería

bottle la botella

box la caja

break up with romper con

bumper el parachoques

cabinet el armario

cables los cables

cafeteria la cafetería

caffeine la cafeína

calorie la caloría

camping el camping

can la lata

candy los dulces

can opener el abrelatas

car el coche

cardboard el cartón

carpet la alfombra

cast el yeso, la escayola

celebration la celebración

cell phone el (teléfono) móvil

character/personage el personaje

chat rooms los foros

chat charlar, platicar

chemistry la química

chest of drawers la cómoda

chin la barbilla

chocolate addict un adicto al chocolate

chocolate el chocolate

chores los quehaceres domésticos, las tareas domésticas

cigarette el cigarrillo

circle el círculo

circular circular

classroom la clase

clear the table recoger la mesa

clever listo/a

clock el reloj

closet el armario, el clóset

coffee adict un adicto al café

coffeemaker la cafetera

coin la moneda

comedy la comedia

comic cómico

comment comentar, el comentario

computer la computadora, el ordenador

computer science la informática

computer screen el monitor, la pantalla

computer user el usuario

connect conectarse

consume consumir

couch el sofá

couple los novios

course el curso

crash chocar (v.); el choque

credit card la tarjeta de crédito

crutches las muletas

curiosity la curiosidad

curious curioso/curiosa

currency la divisa

currency exchange el cambio de moneda

currency; coin la moneda

curtains las cortinas

cybernaut el cibernauta

damage dañar

dark-haired moreno/a

day after tomorrow pasado mañana

decaffeinated descafeinado/a

diet la dieta

director el/la directora/a

disgust darle asco a alguien (v.); el asco

disgusting asqueroso

dishwasher el lavaplatos/el lavavajillas

divorce divorciarse, el divorcio

divorced divorciado

do homework hacer la tarea

doctor el/la doctor/a, el/la médico/a

dormitory la residencia

drug dealer el narcotraficante

drugs las drogas

drunk el borracho

dust quitar el polvo

electrical socket el enchufe

e-mail el correo electrónico

EMT el paramédico

engineering la ingeniería

English el inglés

envy la envidia

exclusive exclusivo/a

extended family la familia política

extinguish apagar, extinguir

eye el ojo

faculty el profesorado

fail a course suspender

false falso/a

famous famoso/a

FAQs las preguntas frecuentes

fat (in foods) la grasa

fat gordo/a

fax machine el fax

finally finalmente, por fin

finger el dedo

fire el fuego, el incendio

fire extinguisher el extintor

firefighter el bombero

firetruck el coche de bomberos

first primero

flat surface plano/a

floor lamp la lámpara

fly volar

foot el pie

forehead la frente

foreseen previsto/a

freezer el congelador

French el francés

frying pan la sartén

funny chistoso/a, cómico/a, gracioso/a

furry peludo/a

future el futuro, el porvenir

gambling el juego

gauze strips las gasitas

German el alemán

get drunk emborracharse

get good/bad grades sacar buenas/malas notas

get hurt hacerse daño

get married casarse

give birth dar a luz

glass el vidrio

gluttony la gula

go camping ir de camping

go on a diet ponerse a dieta

good bueno/a

good-looking guapo/a

gossip cotillear (v); el chisme, el cotilleo

gossipy chismoso

government el gobierno

gymnasium el gimnasio

handlebars el manillar

hands of the clock las manos de reloj

hanger la percha

happiness la felicidad

happy contento/a

hard duro/a

hate el odio

have an opinion on something pensar (ie) de

head la cabeza

headlights los faros, los focos

headline el titular

hear oír

helmut el casco

help ayudar

hero el héroe

heroine la heroína

high in fat rica en grasa

high society la clase alta

highlighter el marcador

history la historia

home page la página de inicio

horrible horrible

horror el horror

how awful! qué horror

how funny! qué chistoso!/qué cómico

how much? cuánto/a/os/as

how tragic! qué trágico

how? cómo

immediately inmediatamente

inhale inhalar

instant messenger el mensaje instantáneo

intelligent inteligente

internaut el internauta

internet la Internet

interview entrevistar (v.); la entrevista

interviewer el/la entrevistador/a

invite invitar

invited guest el/la invitado/a

involve oneself envolverse

involved with envuelta en

Italian el italiano

Japanese el japonés

joke el chiste

key la tecla

keyboard el teclado

kilogram el kilogramo

kilometer el kilómetro

kind amable

kitchen la cocina

knee la rodilla

known conocido

laboratory el laboratorio

ladder la escalera (de mano)

laptop computer el ordenador
  pórtatil

later más tarde

law el derecho

leather el cuero

lecture la conferencia

leg la pierna

library la biblioteca

lie la mentira

life belt el salvavidas

life guard el socorrista, el vigilante

life jacket el chaleco salvavidas

links los enlaces

listen escuchar

liter el litro

literature la literatura

living room el living, la sala

lose weight adelgazar

love el amor

lust la lujuria

magazine la revista

magazine cover la portada

main character el/la protagonista

major in especializarse en

marketing el marketing, la
  mercadotecnia

marriage el matrimonio

married casado/a

mathematics las matemáticas

mattress el colchón

mean antipático/a

memory la memoria, el recuerdo

metal el metal

metallic metálico/a

microwave el microondas

midnight la medianoche

mile la milla

millionaire el/la millonario/a

minute el minuto

mirror el espejo

moderation la moderación

mouse el ratón

movie la película

movie theatre el cine

newspaper el periódico

nice simpático/a

night table la mesita de noche

no way ¡no me diga!

noon el mediodía

nose la nariz

nurse la/el enfermera/o

oddity la rareza

office la oficina

on the dot en punto

opinion la opinión

oven el horno

overdose la sobredosis

overweight el sobrepeso

painting el cuadro

paper el papel

paper money el billete

pass a class aprobar un curso

password la contraseña

past pasado/a

patient el/la paciente

personal digital assistant el PDA

photocopier la fotocopiadora

photocopy la fotocopia

photograph la fotografía

physics la física

pillow la almohada

plastic el plástico

play the main role protagonizar

plug in enchufar

point el punto

pointed puntiagudo

police la policía

police officer el/la policía

politician el político

pot la olla

pound la libra

predict predecir

pregnancy el embarazo

premier el estreno

present presentar, presente

pretty bonito/a

prickly espinoso

pride la soberbia

print imprimir

printer la impresora

public relations las relaciones
  públicas

question la pregunta; hacer una
  pregunta; preguntar

read leer

reading la lectura

recount/count contar

rectangle el rectángulo

rectangular rectangular

refrigerator el refrigerador, la
  nevera

register matricularse

remember recordar (ue)

rescue rescatar (v.); el rescate

research la investigación

research investigar

respond responder

rocking chair la mecedora

rubber raft el bote inflable

rumor el rumor

run down atropellar

run the vacuum pasar la aspiradora

save salvar

scale la báscula, la balanza

scaly con escamas

scandal el escándalo

scar la cicatriz

sciences las ciencias

scissors las tijeras

search engine el buscador

second el segundo

secret el secreto

separate separarse

separated separado/a

separation la separación

sharp afilado/a, agudo/a

sheets las sábanas

shiny brillante

short bajo/a

shower la ducha

shy tímido/a

singer el/la cantante

sink el fregadero; el lavabo (bathroom)

skinny flaco/a

sleeping bag el saco de dormir

smoke el humo; fumar (v.)

smoker el/la fumador/a

smoking el fumar

smooth liso/a

soap el jabón

soap opera el culebrón, la telenovela

social social

society la sociedad

soft blando, suave

speak hablar

spend compulsively gastar compulsivamente

square el cuadro

square-shaped cuadrado

stars las estrellas

stiches los puntos

story el cuento

stovetop la cocina

strange raro/a

stress el estrés

stretcher la camilla

student center el centro estudiantil

study estudiar

subject la asignatura, la materia

subtract restar

sweep the floor barrer el suelo

sweet shop la confitería

tabloids la prensa rosa

take out the trash sacar la basura

tall alto/a

television set el televisor

television la televisión

tell me cuénteme, dime

tell time decir la hora

tell/ count contar

tent la tienda (de campaña)

that's not true! ¡mentira!

theatre el teatro

then entonces, luego

thermometer el termómetro

thin delgado/a

think about pensar (ie) en

think that pensar (ie) que

ticket el billete

time la hora

toaster la tostadora

tobacco el tabaco

toilet el inodoro

toilet paper el papel higiénico

ton la tonelada

towel la toalla

traffic light el semáforo

tragedy la tragedia

tragic trágico

translate traducir

trash can la basura

triangle el triángulo

triangular triangular

trick engañar

truck el camión

truth la verdad

truthful/true verdadero/a

turn in entregar

tweezers las pinzas

unequal desigual

username el nombre de usuario

vice el vicio

vicious vicioso

victim la víctima

wash dishes fregar los platos

wastepaper basket la papelera

wedding la boda

weigh pesar

what? qué

wheel la rueda

when? cuándo

where? dónde

which? cuál

who? quién

windshield el parabrisas

wine el vino

wireless inalámbrico

wood la madera

workaholic un adicto al trabajo

worried preocupado/a

wound la herida; herir (v.)

wrist la muñeca

write down notes apuntar

write escribir

writer el/la escritor/a

WWW la red

x-rays los rayos X

yesterday ayer

Credits

Capítulo 1

Page 18, cover of the book *Sí, se puede! Yes We Can: Latinas in School* by Angela Ginorio and Michelle Huston, published by the American Association of University Women Educational Foundation. **Page 18**, "Escuelas de EE.UU. no cumplen con las Latinas." © BBCMUNDO.COM, BBC World Service, Bush House, Strand, London, WC2B 4PH, UK.

Capítulo 2

Page 49, "Un salario de miedo" from the article "Cómo viven los vecinos" from *Quo*, no. 77 (February 2002): p. 77. **Page 51**, "Euro moneda." © BBCMUNDO.COM, BBC World Service, Bush House, Strand, London, WC2B 4PH, UK. **Page 62**, cover of *Chasqui* and "Talk Shows: Fascinación o rechazo" from *Chasqui*, no. 75 (September 2001). "Talk Shows: Fascinación o rechazo" is an adaptation of the article "Talk Shows, fascinación and rechazo," written by Jorge Acevedo Rojas for the Latin American journal of communication, *Chasqui* of the Centro International de Estudios Superiores de Comunicación headquartered in Quito, Ecuador. This article from *Chasqui*, 75, September 2001 can be reviewed in its entirety online at www.comunica.org/chasqui and www.lahora.com.ec.chasqui/paginas/indice.htm.

Capítulo 3

Page 85, "Cinco de mayo" (from www.census.gov/pubinfo/www/radio/adindex.html) in the Al día section dated May 5, 2000, courtesy of the U.S. Census Bureau. **Pages 86–57**, Puerto Rico 2000 Individual Census Form, courtesy of the U.S. Census Bureau. **Page 90**, Pie chart of wedding expenses adapted from www.celebrando.com. **Page 97**, "Un concepto fundamental" from *See/Hear* Newsletter, 5, no. 2 (Spring 2000), courtesy of Texas School for the Blind and Visually Impaired. **Pages 104–105**, Excerpt from "Para Shakira fue como si fuese su primera vez," courtesy of MTV Networks Latin America, Inc.

Capítulo 4

Page 133, Photo of astronaut and "Quehaceres domésticos de altura en la EEI." Both courtesy of NASA.

Capítulo 5

Page 148, Photo of iPod. Courtesy of Apple Computers. **Page 157**, "Electrodomésticos conectados a Internet" from *Quo*, no. 79 (April 2002): p. 26. **Page 159**, "La Red le invita a sumarse a *la semana sin ver la televisión*" from Unidad Editorial (El Mundo, Madrid); courtesy of Navegante.com (April 29, 2002). **Page 160**, Material in Paso 1 adapted from "Algunos datos sobre la TV" and "Una semana sin televisión" from Ecologistas en Acción (www.ecologistasenaccion.org).

Capítulo 7

Page 219, "Anestesia de risa" from *Quo*, no. 79 (April 2002). **Pages 222–223**, Material in Actividades 7-9 and 7-10 adapted from International Health Services Argentina S.A. Visit www.ihsa.com.ar to view the original material and accompanying illustrations. **Page 230**, "Sólo tienes una vida," courtesy of Red Cross/EU Office. **Page 231**, "Campaña *Prevenir es vivir*" courtesy of Cruz Roja Española.

Capítulo 8

Page 254, Information in Nota Cultural reprinted from *Perspectives in Health*, the magazine of the Pan American Health Organization, published in English and Spanish. **Page 255**, Nokia ad courtesy of Nokia, Inc. **Page 262**, "El día después" from *Quo*, no. 79 (April 79): p. 95. **Page 264**, Smoking survey in Actividad 8-22, courtesy of Centers for Disease Control and Prevention. **Page 266** Esai Morales poster with accompanying text and "Lo que los jóvenes deben saber acerca del tabaco," courtesy of Centers for Disease Control and Prevention. **Page 273**, Information in Actividad 8-28 and accompanying "Dieta Para un Corazón Saludable" poster, courtesy of Food and Drug Administration.

Index

A

Abrir, past participle, 136
Accents, 216–217
Adjectives
   comparisons, 93–96
   demonstrative, 125–128
   describing entertainment, 78–79
   describing personality, 25, 32
   describing physical appearance, 25
   estar +, 67–69
   gender, 12
   possessive, 121–125
   ser +, 25, 67–69
   superlatives, 153–154
¿Adónde?, 107
Adverbs
   comparisons, 94
Affirmative formal command, 221
Affirmative informal command, 254
Agreement
   of direct object pronouns, 202
   of noun and adjective, 12
   of possessive adjectives, 121
   of reflexive pronouns, 139
   of subject and verb, 22
Andar, preterit tense, 198
Aquellos/aquellas, 126
-ar verbs
   commands, 219
   past participle, 135
   present subjunctive, 269
   present tense, 20, 110, 111
   preterit tense, 185
   simple future tense, 161
   stem-changing, 110
Argentina, 224, 273
Articles
   definite, 9–10
   indefinite, 10–11

B

Bailar, simple future tense, 161
Buscar, preterit tense, 198

C

c, pronunciation and orthographic changes, 197

Caer
   formal command form, 222
   present subjunctive, 270
   present tense, 72
Cansarse, 139
-car verbs
   formal command form, 220
   preterit tense, 197, 198
Casarse, 139
Cerrar, present tense, 111
Charlar
   informal command form, 256
   preterit tense, 185
Colgar, present tense, 110
Colombia, 105–106, 273
Comenzar, present tense, 111
Comer
   formal command form, 221
   informal command form, 256
Commands
   formal, 218–219, 221
   informal, 254–256
   irregular forms of, 219
¿Cómo?, 107
Comparisons, 93–96
   adverbs in, 94
   irregular forms, 94
   of nouns, 182–183
   of objects, 97–98
   of people, 98–99
Conducir, present subjunctive, 269
Confesar, present tense, 111
Conocer
   formal command form, 222
   present subjunctive, 270
   present tense, 72
Conseguir, present tense, 111
Contar, present tense, 110
Costa Rica, 122
Costar, present tense, 110
¿Cuál?, 108–109
¿Cuánto/a/os/as?, 107
Cubrir, past participle, 136
Cultural notes
   American schools, 18–19
   bachelor parties, 208
   Cinco de mayo, 84

   dating practices, 272
   Denevi, Marco, 109
   Dominican Republic lifespan, 254
   Duque, Pedro, 134
   first day of the week, 53
   greetings, 7
   Hispanic actors, 40
   housing, 119
   Indurain, Miguel, 59
   minimum salaries, 49
   overweight statistics, 273
   schools and schooling, 17–19
   train travel in Spain, 55–56
   vehicular accidents, 230, 232, 243
   See also Spanish-speaking countries
c→zc verbs, present tense, 72

D

Dar
   formal command form, 220, 222
   indirect object pronoun with, 168
   present subjunctive, 270
   present tense, 21, 72
   preterit tense, 199
Days of the week, 53–54
De, ser +, 25
Decir
   imperfect, 233
   informal command form, 256
   past participle, 136
   present tense, 21, 72
   preterit tense, 198
Definite article, 9–10
Demonstrative adjectives, 125–128
Demostrar, present tense, 111
Dependent clause, use of subjunctive with, 270
Describir, past participle, 136
Despedir, stem-change verb in preterit, 197
Despedirse, stem-change verb in preterit, 197
Devolver, present tense, 111
Diphthongs, 218
Direct object, 202

Direct object pronouns, 202
    affirmative command form, 221
    agreement, 202
    double object pronouns, 204–205
    position of, 203
Divertirse
    present tense, 110
    stem-change verb in preterit, 197
Doler, present tense, 110
Dominican Republic, 253, 254
¿Dónde?, 107
Dormir
    present subjunctive, 269
    stem-change verb in preterit, 197
Double object pronouns, 204–205

E

Education
    academic subjects, 5, 6, 32
    colegio and **universidad**, usage,
        13
    and Latina women, 18–19
    vocabulary, 12–14, 32–33
e→i stem-changing verbs
    present subjunctive, 269
    present tense, 111, 197
    preterit tense, 197
e→ie stem-changing verbs
    present subjunctive, 269
    present tense, 111, 197
El, 9, 10
Elegir, present tense, 111
Emergencies, vocabulary, 189–191,
    211, 225–226, 243
Empezar
    present subjunctive, 269
    present tense, 111
Encantar, indirect object pronoun
    with, 171
Encontrar
    present subjunctive, 269
    present tense, 110
Endings, masculine/feminine nouns, 9
Enfermarse, 139
Enojarse, 139
Entender, present tense, 111
-er verbs
    commands, 219
    past participle, 135
    present subjunctive, 269
    present tense, 20, 110
    preterit tense, 185
    simple future tense, 161
    stem-changing, 110

Es + number, telling time, 52, 53
Escribir
    past participle, 136
    present tense, 20
    preterit tense, 185
Esos/esas, 126
Essay, writing exercise, 171–173
Estar
    + adjective, 67–69
    formal command form, 220, 222
    guidelines for using, 64–69
    present subjunctive, 270
    present tense, 21, 72
    preterit tense, 198
    ser contrasted with, 66–69
Estos/estas, 126
Euro (unit of money), 49, 51–52
Expressing agreement, 113
Expressing quantities, 115
Expressing surprise, 79
Expressing understanding, 7

F

Fascinar, indirect object pronoun
    with, 171
Feminine noun, 9
Formal commands, 218–219, 221
Future tenses
    periphrastic future, 41–43, 161
    simple future, 161–164
    uses of, 162

G

g, pronunciation and orthographic
    changes, 197
-gar verbs
    formal command form, 220
    preterit tense, 197, 198
Gender
    adjectives, 12
    agreement between noun and
        adjective, 12
    nouns, 9
-ger verbs, formal command form, 220
Greetings, 4, 6–7, 8
Gustar
    indirect object pronoun with, 168
    present tense, 150–151

H

Haber, + past participle, 135–136
Hablar, formal command form, 221
Hacer
    formal command form, 222
    informal command form, 256

    past participle, 136
    present subjunctive, 270
    present tense, 21, 72
    preterit tense, 198
Hay, indefinite article with, 11
Hispanic culture. *See* Cultural notes;
    Spanish-speaking countries
Homophones, 218
Housing, 118–120

I

Imperatives. *See* Commands
Imperfect
    forming, 233
    irregular verbs, 233
    using, 234, 238
Impersonal **se**, 249–250
Importar, indirect object pronoun
    with, 171
Indefinite articles, 10–11
Indirect object pronouns, 151, 168–171
    affirmative command form, 221
    attached to present participle, 169
    double object pronouns, 204–205
    position of, 169
Informal commands, 254–256
Interesar, indirect object pronoun
    with, 171
Interrogative pronouns, 107–109, 115
Ir
    + **a** + infinitive, 41
    conjugation, 42
    formal command form, 220, 222
    imperfect, 233
    informal command form, 256
    periphrastic future tense, 41–43,
        161
    present subjunctive, 270
    present tense, 72
    preterit tense, 199
-ir verbs
    commands, 219
    past participle, 135
    present subjunctive, 269
    present tense, 20, 111
    preterit tense, 185, 197
    simple future tense, 161
    stem-changing, 111, 197
Irregular forms
    of commands, 218, 219
    of comparison, 94
    of future tense, 162
    of informal commands, 255–256
    of past participle, 135

Irregular verbs
  imperfect, 233
  present tense, 21, 71–73
  preterit tense, 198–199

J

Jugar
  orthographic changes, 197, 198
  preterit tense, 198, 199

LL

Llamar, present subjunctive, 268
Llegar, preterit tense, 198
Llover, present tense, 110

M

Más
  + adjective/noun + **que**, 93–94
  comparisons, 93–94, 98
  superlatives, 153–154
Más que, 98
Masculine noun, 9
Mayor que, 98
Me, 151
Menor que, 98
Menos
  + adjective/noun + **que**, 93–94
  comparisons, 93–94, 98
  superlatives, 153–154
Menos que, 98
Mentir
  present tense, 110
  stem-change verb in preterit, 197
Merecer, present tense, 72
Mexico, 165
Molestar, indirect object pronoun with, 171
Morir, stem-change verb in preterit, 197
Mostrar, present tense, 110

N

Necesitar
  imperfect, 233
  present tense, 20
Nouns
  equal comparisons of, 182–183
  gender, 9
Numbers
  between 1 and 100, 44–49
  census form, 86–88
  money, 49, 51–52, 88–89
  over 100, 85–90
  telling time, 52, 53, 79

using, 49–51
writing, 44–49

O

Objects
  comparisons of, 97–98
  describing, 99–100, 115
Obligar, preterit tense, 198
Oír, present tense, 72
Orthographic accents, 216–217
Orthographic changes, verbs, 197–198, 220
o→u stem-changing verbs
  present subjunctive, 269
  preterit tense, 197
o→ue stem-changing verbs
  present subjunctive, 269
  present tense, 110, 197
-oy verbs, present tense, 71

P

Pagar, preterit tense, 198
Parecer, indirect object pronoun with, 171
Passive **se**, 250
Past participle
  haber +, 135–136
  present perfect indicative, 134–135
Pedir
  present subjunctive, 269
  present tense, 111
  stem-change verb in preterit, 197
Pensar, present tense, 111
Perder
  present subjunctive, 269
  present tense, 111
Periphrastic future, 41–43, 161
Poder
  present tense, 110
  preterit tense, 198
Poner
  formal command form, 222
  informal command form, 256
  past participle, 136
  present subjunctive, 270
  present tense, 21, 72
  preterit tense, 198
¿Por qué?, 107
Possessive adjectives, 121–125
Preferir
  present tense, 110
  stem-change verb in preterit, 197

Prepositions, use with interrogative pronouns, 107
Present participle, indirect object pronoun attached to, 169
Present perfect, **haber** + past participle, 134–137
Present tense, 19–25
  irregular verbs in, 21, 71–73
  -oy verbs, 71
  present perfect, 134–137
  stem-changing verbs, 109–111, 195, 196, 197
  subjunctive form, 268
Preterit tense, 185–187
  irregular verbs, 198–199
  orthographic changes, 197–198
  stem-changing verbs, 197
  usage, 238
Producir, present tense, 72
Pronouns
  direct object pronouns, 202, 203, 221
  double object pronouns, 204–205
  indirect object pronouns, 151, 168–171, 221
  interrogative pronouns, 107–109, 115
  reflexive pronouns, 138, 249
Pronunciation
  accents, 216–217
  rules of, 217
Puerto Rico, 180–181

Q

Que, 271
¿Qué?, 107, 108–109
Querer
  present tense, 111
  preterit tense, 198
¿Quién(es)?, 107

R

Recomendar, present tense, 111
Recordar, present tense, 110
Reflexive pronouns, 138, 249
Reflexive verbs, 138–142
Reirse, present tense, 73
Repetir
  present tense, 111
  stem-change verb in preterit, 197
Responder, present tense, 20
Romper, past participle, 136

S

Saber
    formal command form, 220, 222
    imperfect, 233
    present subjunctive, 270
    present tense, 72
    preterit tense, 198
Sacar
    orthographic changes, 197, 198
    preterit tense, 198, 199
Salir
    formal command form, 222
    informal command form, 256
    present subjunctive, 270
    present tense, 21, 72
Se, 204–205, 249–250
Secar, preterit tense, 198
Seguir
    present tense, 111
    stem-change verb in preterit, 197
Sentarse, present tense, 111
Sentir
    present subjunctive, 269
    present tense, 110
    stem-change verb in preterit, 197
Ser
    + adjective, 25, 67–69
    + **de**, 25
    + location, 25
    + **para**, 25
    cuál with, 108–109
    estar contrasted with, 66–69
    formal command form, 220, 222
    guidelines for using, 24–25,
        66–69
    imperfect, 233
    informal command form, 256
    present subjunctive, 268, 270
    present tense, 24, 72
    preterit tense, 199
    qué with, 108–109
    telling time, 24
Servir
    present subjunctive, 269
    present tense, 111
    stem-change verb in preterit, 197
Shakira, interview with, 104
Simple future, 161–164

Singular commands, formal form, 221
Son + number, telling time, 52, 53
Sonar, present tense, 110
Soñar, present tense, 110
Spain, 28, 55–56, 232, 272
Spanish-speaking countries
    Argentina, 224
    Colombia, 105–106
    Costa Rica, 122
    Dominican Republic, 253
    Mexico, 165
    Puerto Rico, 180–181
    Spain, 28
    Venezuela, 51
    See also Cultural notes
Spelling changes. *See* Orthographic
    changes
Stem-changing verbs
    present subjunctive, 269
    present tense, 109–111, 195, 196,
        197
    preterit tense, 196–197
Subjunctive
    endings, 269
    present, 268
    stem-changing verbs, 269–270
    uses for, 267
Sugerir
    present tense, 110
    stem-change verb in preterit, 197
Superlatives, 153–154

T

Tan como, 183
Tanto, 182
Tanto como, 182
Telling time, 24, 52, 53, 79
Temblar, present tense, 111
Tener
    formal command form, 222
    informal command form, 256
    present subjunctive, 270
    present tense, 21, 72
    preterit tense, 198
    simple future, 162
Time
    adverbs and adjectives
        describing, 79
    use of **ser**, 24, 52, 53

Tocar, preterit tense, 198
Traer
    formal command form, 222
    present subjunctive, 270
    present tense, 72
    preterit tense, 198

U

Un/una, 10

V

Venir
    formal command form, 222
    informal command form, 256
    present subjunctive, 270
    present tense, 21, 72
    preterit tense, 198
Ver
    imperfect, 233
    past participle, 136
    preterit tense, 199
Verbs
    imperfect, 233, 238
    infinitives, 219
    irregular. *See* Irregular verbs
    orthographic changes, 197–198,
        220
    periphrastic future, 41–43, 161
    present perfect, 134–137
    present tense, 19–25
    preterit tense, 185–187, 197–199,
        238
    reflexive, 138–142
    stem-changing. *See* Stem-
        changing verbs
Vestir(se), present tense, 111
Vivir
    formal command form, 221
    informal command form, 256
Volar, present tense, 110
Volver
    past participle, 136
    present tense, 110
Voy, + **a** + infinitive, 41

Z

-zar verbs, formal command form,
    220

Mar Caribe

Océano Atlántico

Barranquilla
Cartagena
• Maracaibo
• Caracas
R. Orinoco

TRINIDAD
Y TOBAGO
• Port-of-Spain

VENEZUELA

Medellín •
Manizales •
Cali •
• Bogotá
Salto Ángel

Georgetown
Paramaribo
Cayena

COLOMBIA

GUYANA

SURINAM

GUAYANA
FRANCESA

Quito
ECUADOR

CORDILLERA DE LOS ANDES

Guayaquil •
Cuenca
Iquitos

Manaus
R. Amazonas
Belém
ECUADOR

Cajamarca

R. Madeira

BRASIL

Recife

PERÚ

Océano Pacífico
Isla Pinta • Isla Marchena
Isla San Salvador
Santa Cruz
Isla Isabela
Puerto
Ayora
Isla Santa Cruz
Isla
San Cristóbal
Puerto
Villamil
Puerto Baquerizo
Moreno

LAS ISLAS
GALÁPAGOS
(ECUADOR)
0   50   100 millas
0   50   100 kilómetros

Machu
Picchu
• Lima
Ayacucho •
• Cuzco
Salvador

Arequipa •
L. Titicaca
BOLIVIA
• Brasilia
La Paz

Arica
• Sucre
Potosí

Belo Horizonte

Iquique
Desierto de Atacama

0   25   50 millas
0   25   50 kilómetros
Cabo Norte

Hanga Roa
Mataveri
Volcán
Puakatike
Cabo
Cumming
Océano Pacífico

ISLA DE PASCUA
(CHILE)

Antofagasta •
• Salta
Tucumán

PARAGUAY
Asunción
São Paulo
Río de Janeiro
Santos

TRÓPICO DE CAPRICORNIO

Salto Iguazú

CHILE
Córdoba

Porto Alegre

CORDILLERA DE LOS ANDES

R. Paraná

R. Uruguay

URUGUAY

Mendoza
Rosario

Valparaíso •
Santiago
Buenos Aires
La Plata
Montevideo
Río de la Plata

Concepción •

Bahía Blanca

ARGENTINA

Puerto Montt •

Océano Pacífico

América del Sur
0   200   400   600   800 millas

0   200   400   600   800 kilómetros

Estrecho de
Magallanes

ISLAS MALVINAS

Punta
Arenas
TIERRA DEL FUEGO
Cabo de Hornos

⊕ Capital
▲ Volcán
∴ Ruinas